高职高专"十三五"规划教材

会 计 实 训 系 列

新编簿记模拟实习

（第 五 版）

姚津　李氟　吴涛　编

立信会计出版社

LIXIN ACCOUNTING PUBLISHING HOUSE

图书在版编目(CIP)数据

新编簿记模拟实习 / 姚津,吴涛,李氟编. —5 版. —
上海:立信会计出版社,2018.7(2025.6重印)
高职高专十三五规划教材.会计实训系列
ISBN 978 - 7 - 5429 - 5929 - 4

Ⅰ.①新… Ⅱ.①姚… ②吴… ③李… Ⅲ.①会计
方法—实习—高等职业教育—教材 Ⅳ.①F231.4

中国版本图书馆 CIP 数据核字(2018)第 189570 号

策划编辑　　　陈　旻
责任编辑　　　陈　旻

新编簿记模拟实习(第五版)

出版发行	立信会计出版社		
地　　址	上海市中山西路 2230 号	邮政编码	200235
电　　话	(021)64411389	传　真	(021)64411325
网　　址	www.lixinaph.com	电子邮箱	lixinaph2019@126.com
网上书店	http://lixin.jd.com		http://lxkjcbs.tmall.com
经　　销	各地新华书店		
印　　刷	苏州市古得堡数码印刷有限公司		
开　　本	787 毫米×1092 毫米	1/16	
印　　张	9.5	插　　页	9
字　　数	234 千字		
版　　次	2018 年 7 月第 5 版		
印　　次	2025 年 6 月第 4 次		
书　　号	ISBN 978 - 7 - 5429 - 5929 - 4/F		
定　　价	35.00 元		

如有印订差错,请与本社联系调换

第 五 版 前 言

本教材自出版以来,已在各大院校财经类专业的会计基础教学中广泛使用,反响良好。为了适应会计和税收法规的新变化,我们仍在不断地对本教材进行修订完善。

第四版出版后,会计规范建设与税收制度改革都在不断健全与完善中。一方面,多项新的企业会计准则出台,部分已颁布的企业会计准则得到修订,对财务报告的列报更趋全面、合理。另一方面,从 2017 年简化增值税税率档次到 2018 年继续降税降费等一系列税收政策的出台,使得相关会计规范发生变化,诸如《增值税会计处理规定》等新会计政策陆续出台。这些变化直接影响到企业的会计处理。基于此,我们对本教材再次进行修订,以方便教师开展教学工作和学生进行自主模拟实习。

本教材的修订得到了教育界和实务界人士的极大帮助和支持,在此,我们表示诚挚的谢意!

编　　者
2018 年 8 月

前　言

　　凡事入门难。初涉会计者,由于缺乏感性认识,在学习簿记基础知识时往往产生困惑。为了帮助初涉会计者入门并使其产生学习的兴趣,我们根据多年从事会计教学、审计业务及指导学生实习形成的经验和体会,编写了《新编簿记模拟实习》,以配合会计学基础课程的教学,弥补有关教材的局限性,解决学生到企业单位实习难的问题,向初涉会计者提供一条理论联系实际的学习途径。

　　《新编簿记模拟实习》取材于一个小型标牌模具厂的会计实务,经整理筛选补充后编写而成。本册模拟实习教材与其他会计模拟实习教材相比,特点如下:

　　其一,注重培养学生的簿记能力。要培养会计人才,提高会计信息的质量,规范会计基础工作是一个重要环节。本册模拟实习教材严格按照财政部所颁布的《会计基础工作规范》的要求,对学习者填制原始凭证、编制记账凭证、登记账簿等会计基础工作进行强化训练。

　　其二,强调会计教学过程中的入门实习或前期实务训练。本册模拟实习教材所选经济业务比较简单,学生只要掌握借贷复式记账的基本原理便可操作。入门实习在学习会计过程中的作用,是其他中期实习、毕业实习无法替代的,它不仅有利于会计学基础的教学,也有利于财务会计等后续课程的教学。本教材与《新编会计模拟实习》工业、商业、股份制企业各分册的实习要求、内容侧重点不同,它们相互衔接,构成与会计理论教学紧密配合的系列实习教材。本项簿记实习如能与会计学基础中有关会计凭证编制、账簿登记等教学内容同步进行,则能使课堂教学达到事半功倍的效果。

　　本册模拟实习适用于各大专院校的财经类专业、财经类中专会计基础教学的配套实习,也适用于财会人员的上岗培训。

　　本册模拟实习由姚津、李氚、吴涛编写,在编写过程中得到张维宾教授的指导。

　　书中如有错误和不当之处,敬请提出批评和指正。

编　者

目　　录

第一部分　簿记单项实习

本部分单项实习可与会计学基础课程教学同步进行。

若有条件,使用本教材的实习者可组成一个或若干个实习小组,每组成员不少于2人。进行单项实习时,要求每位实习者不仅要完成会计凭证的填制,还要交叉审核组内另一成员填制的会计凭证,让实习者在填制和审核会计凭证等主要簿记技能方面得到充分训练。

实习过程中,还应配备实习指导教师组织和指导实习者开展实习,对实习者提出的疑难问题给予解答和帮助。

实习一　填制与审核原始凭证

一、实习目的

掌握原始凭证的填制与审核。

二、实习资料

立信机械设备制造厂是一家以机械设备制造、安装为主营业务的企业,其开户银行是中国工商银行上海市分行徐汇支行,账号:252-67891234。2019 年 1 月,该厂部分经济业务的原始凭证与相关资料如下。

资料 1:领料单。

2019 年 1 月 9 日,铸造车间需要领用原材料:

用　途	材料名称	数量	单位成本
DA6140A 车床部件	钢材	20 吨	4 500 元
DAK63 车床部件	钢材	35 吨	4 500 元
STD4540 车床部件	钢材	30 吨	4 500 元

车间材料管理员李小刚填制下列领料单(一式三联),经车间主任签字同意后到原材料仓库领料。仓库管理员王安亿审核领料单,并按请领数量发料。

立信机械设备制造厂
领　料　单　　　　No. 2037

领用部门:

用　途:　　　　　　　　　年　月　日　　　　　　仓库:

材 料 类 别	材 料 名 称	计量单位	数　量		金　额	
			请 领	实 领	单位成本	总 成 本
备　注:					合　计	

仓库保管员:　　　　　　领料部门主管:　　　　　　领料人:

②记账联

资料2：暂支单。

2019年1月16日，产品研发部的张云建为参加北京的新产品推广会，预借差旅费5 000元。张云建填写暂支单，并预计1月23日还款。填写后交由产品研发部主任刘继宏核准、签字，但尚未经财务主管审批。

立信机械设备制造厂暂支单

年　月　日

受　款　人	
暂支事由	
暂支金额	
预计归还日期	

财会主管　　　记账　　　出纳　　　部门主管　　　制单　　　受款人签收

资料3：进账单。

2019年1月19日，收到金欣股份有限公司签发的银行支票一张，银行出纳张丹随即填写进账单（一式三联）后，准备在下班前连同该支票一并送交开户银行办理转账业务。

中国工商银行上海市分行支票

支票号码：KH107513

签发日期(大写)：贰零壹玖年零壹月壹拾捌日　　付款行名称：工行黄浦支行
收款人：立信机械设备制造厂　　出票人账号：257-21355597

人民币 (大写)：贰拾叁万肆仟元整	千	百	十	万	千	百	十	元	角	分
		￥	2	3	4	0	0	0	0	0

用途：支付购货款
上列款项请从
我账户内支付
签发人签章

公份金
有欣
司限股

复核

记账

验印

ICBC 🔒 中国工商银行 进账单（贷方凭证）1

年　月　日　　　　　　　No.04617345

<table>
<tr><td rowspan="3">出票人</td><td>全　称</td><td></td><td rowspan="3">收款人</td><td>全　称</td><td colspan="11"></td><td rowspan="9">此联由收款人开户银行作贷方凭证</td></tr>
<tr><td>账　号</td><td></td><td>账　号</td><td colspan="11"></td></tr>
<tr><td>开户银行</td><td></td><td>开户银行</td><td colspan="11"></td></tr>
<tr><td rowspan="2">金额</td><td rowspan="2">人民币
（大写）</td><td rowspan="2"></td><td rowspan="2"></td><td>亿</td><td>千</td><td>百</td><td>十</td><td>万</td><td>千</td><td>百</td><td>十</td><td>元</td><td>角</td><td>分</td></tr>
<tr><td></td><td></td><td></td><td></td><td></td><td></td><td></td><td></td><td></td><td></td><td></td></tr>
<tr><td>票据种类</td><td></td><td>票据张数</td><td></td><td colspan="11"></td></tr>
<tr><td>票据号码</td><td colspan="3"></td><td colspan="11"></td></tr>
<tr><td>备注：</td><td colspan="3"></td><td colspan="11"></td></tr>
<tr><td colspan="4"></td><td colspan="11">复核：　　　记账：</td></tr>
</table>

资料4：制造费用分配计算表。

2019年1月31日，铸造车间本月制造费用共计74 520元，成本会计陈伟按生产工时比例分配计入DA6140A车床部件、DAK63车床部件、STD4540车床部件三种产品的生产成本。三种产品生产工时分别为1 000工时、2 000工时和1 600工时。

立信机械设备制造厂
制造费用分配计算表

生产车间：铸造车间　　　　　　年　月　　　　　　　　单位：元

项　　目	生 产 工 时	分 配 比 例	分 配 金 额
DA6140A 车床部件			
DAK63 车床部件			
STD4540 车床部件			
合　　计			

制单：

三、实习要求

（1）根据上述相关资料分别填制领料单、暂支单、进账单和制造费用分配计算表。

（2）审核所填原始凭证与外部取得支票的规范性，发现不规范之处请予以更正，并在凭证空白处明显标注更正内容。

四、实习指导

1. 领料单的填制

领料单是由领料部门根据所需向仓库领用材料时填写的单据。库存管理人员审核领料用途并确认是否经相关人员批准后，根据领料单上的材料名称及数量发放材料。领料单是一种主要用于内部流转的自制原始凭证。

领料单一般一式三联。第一联为存根联，供领料部门（铸造车间）备查；第二联为记账联，供财务部门作为原材料（钢材）减少的核算依据；第三联为保管联，留存仓库作为登记仓库材料明细账的依据。

有些企业为了更好地进行成本控制，对一些材料的领用采用限额领料单进行记录。与领料单不同的是，限额领料单在规定时间内（通常为 1 个月）连续使用，以控制领用数量不超过设定的限额。

2. 暂支单的填制

暂支单是因企业业务需要暂时支取款项而由申请者填列的单据，是一种企业内部流转的自制原始凭证。暂支款的使用主要为了满足销售、出差、临时采购、企业办公等需要先预支后报销或归还的业务。

暂支单上需要填写申请支取的金额、用途及预计归还或报销的时间等，填写完毕后交由企业相应授权人员审批签字，然后经财务部门审核通过，便可到出纳处预支相应的金额。

3. 进账单的填制

银行进账单是持票人或收款人将票据（主要有支票、银行汇票、银行本票等）款项存入收款人银行账户的凭证，也是银行将票据款项记入收款人账户的凭证。

银行进账单一式两联或一式三联。三联进账单中的一联为回单，是银行受理证明，不作入账凭证；另一联为贷方凭证，是银行的记账凭证；还有一联为收款通知，经银行盖章后企业可作为原始凭证入账。

进账单上的"复核"、"记账"项目应由银行相关人员填写，其他除"备注"外的所有项目都应由银行出纳清楚填写，并由银行出纳连同相关票据（如本项实习中的支票）一并交给银行经办人员办理收款业务。为减少篇幅，本项实习只提供了进账单中一联，其余两联略去不填。

4. 支票的填制

支票是由出票人签发，委托办理支票存款业务的银行或者其他金融机构在见票时无条件支付确定的金额给收款人或持票人的票据。支票可分为现金支票和转账支票。现金支票不得转让；转账支票一经背书即可转让。支票提示付款期通常为 10 天，支票发生遗失，可以向付款银行申请挂失。

支票出票人签发的支票金额，不得超出其在付款银行的存款金额。如果存款金额低于支票金额，银行将拒付给持票人，这种支票通常称为空头支票。

支票的出票日期必须使用中文大写，详见本教材"填制支票的要求"。签发支票时，还必须在指定位置加盖预留银行的支票专用章和企业法人章。

5. 制造费用分配计算表的填制

制造费用分配计算表是用来反映制造企业将当期归集的制造费用按一定标准分配给各种产品的计算过程的表格。该分配计算表通常由财务人员编制,属于自制原始凭证,作为制造费用结转为生产成本账务处理时的附件。

企业应当根据制造费用的构成内容,合理地选择分配标准。通常可以选用的分配标准有:产品生产工时、产品生产工人薪酬、产品的机器工时等,本教材单项实习中以产品生产工时为分配标准。

实习二　填制与审核记账凭证

一、实习目的

掌握记账凭证的填制与审核。

二、实习资料

立信机械设备制造厂 2019 年 2 月部分经济业务的原始凭证资料如下。

资料 1：进账单。

ICBC㊉ 中国工商银行　　　　　**进账单**（收款通知）3

2019 年 2 月 5 日　　　　　　　　　No.04617346

出票人	全称	金欣股份有限公司	收款人	全称	立信机械设备制造厂
	账号	304-70110731		账号	252-67891234
	开户银行	建行莘庄分理处		开户银行	工行徐汇支行

金额	人民币（大写） 壹拾陆万玖仟陆佰伍拾元整	亿 千 百 十 万 千 百 十 元 角 分
		￥ 1 6 9 6 5 0 0 0

票据种类	支票	票据张数	1
票据号码	XB 317015		

2019 年 1 月 25 日，增值税专用发票#34082815。

复核　　　记账

中国工商银行上海市分行
徐汇支行业务章 2019.02.05

收款人开户银行签章

此联是收款人开户银行交给收款人的收账通知

684　上海佰晨印刷厂印制

资料 2：增值税专用发票，银行支票存根。

㊉ 中国工商银行上海市分行

支票号码：WJ 208329
附加信息
_____
_____
_____

签发日期：2019 年 2 月 12 日
收 款 人：美亚贸易股份有限公司
金　　额：394 875.00
用　　途：支付购货款

3100084025 上海增值税专用发票 No. 100510731

开票日期：2019 年 2 月 12 日

<table>
<tr><td rowspan="4">购买方</td><td>名　　　称：</td><td colspan="3">立信机械设备制造厂</td><td rowspan="4">密码区</td><td colspan="3">413256 * 3/9〈〉　版本：01</td></tr>
<tr><td>纳税人识别号：</td><td colspan="3">310108002156789</td><td colspan="3">895-1666+37123　3100084025</td></tr>
<tr><td>地　址、电　话：</td><td colspan="3">上海市丁香路 123 号　021-64551234</td><td colspan="3">+4-1＞1234 100510731</td></tr>
<tr><td>开户行及账号：</td><td colspan="3">工行徐汇支行　252-67891234</td><td colspan="3">0/8-＜64572-</td></tr>
<tr><td colspan="2">货物或应税劳务、服务名称</td><td>规格型号</td><td>单 位</td><td>数量</td><td>单 价</td><td>金 额</td><td>税率</td><td>税 额</td></tr>
<tr><td colspan="2">钢材</td><td>Z18</td><td>吨</td><td>75</td><td>4 500</td><td>￥337 500.00</td><td>16%</td><td>￥54 000.00</td></tr>
<tr><td colspan="2">合　计</td><td></td><td></td><td></td><td></td><td>￥337 500.00</td><td></td><td>￥54 000.00</td></tr>
<tr><td colspan="2">价税合计(大写)</td><td colspan="5">叁拾玖万壹仟伍佰零拾零元零角零分</td><td colspan="2">(小写)　￥391 500.00</td></tr>
<tr><td rowspan="4">销售方</td><td>名　　　称：</td><td colspan="5">美亚贸易股份有限公司</td><td rowspan="4">备注</td><td rowspan="4"></td></tr>
<tr><td>纳税人识别号：</td><td colspan="5">310107123814238</td></tr>
<tr><td>地　址、电　话：</td><td colspan="5">春申东路 555 号　021-57103333</td></tr>
<tr><td>开户行及账号：</td><td colspan="5">工行奉贤支行　289-01031719</td></tr>
</table>

第三联：发票联　购买方记账凭证

收款人：张小川　　　复核：　　　　　开票人：章明军　　　销售方：(章)

资料 3：应付职工薪酬分配汇总表。

应付职工薪酬分配汇总表

2019 年 2 月　　　　　　　　　　　　　　　　　单位:元

薪 酬 汇 总	金 额
DA6140A 车床生产工人薪酬	48 200
DAK63 车床生产工人薪酬	52 600
STD4540 车床生产工人薪酬	41 900
铸造车间管理人员薪酬	11 400
装配车间管理人员薪酬	12 300
企业行政管理人员薪酬	75 400
合　　计	241 800

资料4:增值税专用发票,运单,支票存根,产品出库单。

上海增值税专用发票

3100210867

此联不作报销、抵扣凭证使用

No. 34082828

开票日期:2019 年 2 月 20 日

<table>
<tr><td rowspan="4">购买方</td><td>名　　　称:</td><td colspan="4">金欣股份有限公司</td><td rowspan="4">密码区</td><td colspan="2">3 * 6897－38 * 291 * 1371　版本:01</td></tr>
<tr><td>纳税人识别号:</td><td colspan="4">310104501116222</td><td colspan="2">63＋/113－846＋88＞1/640　3100210867</td></tr>
<tr><td>地　址、电　话:</td><td colspan="4">上海沪闵路 2230 号　021-33441122</td><td colspan="2">＞2＋4－＞455＞15－21％　34082828</td></tr>
<tr><td>开户行及账号:</td><td colspan="4">建行莘庄分理外　304-70110731</td><td colspan="2">3//34＋62＋1234 * 8// *</td></tr>
<tr><td colspan="2">货物或应税劳务、服务名称</td><td>规格型号</td><td>单 位</td><td>数 量</td><td>单 价</td><td>金 额</td><td>税率</td><td>税 额</td></tr>
<tr><td colspan="2">车床</td><td>DA6140A</td><td>台</td><td>1</td><td>48 000</td><td>￥48 000.00</td><td>16％</td><td>￥7 680.00</td></tr>
<tr><td colspan="2">车床</td><td>DAK63</td><td>台</td><td>1</td><td>51 500</td><td>￥51 500.00</td><td>16％</td><td>￥8 240.00</td></tr>
<tr><td colspan="2">合　　计</td><td></td><td></td><td></td><td></td><td>￥99 500.00</td><td></td><td>￥15 920.00</td></tr>
<tr><td colspan="2">价税合计(大写)</td><td colspan="5">壹拾壹万伍仟肆佰贰拾零元零角零分</td><td>(小写) ￥115 420.00</td><td></td></tr>
<tr><td rowspan="4">销售方</td><td>名　　　称:</td><td colspan="4">立信机械设备制造厂</td><td rowspan="4">备注</td><td colspan="2" rowspan="4"></td></tr>
<tr><td>纳税人识别号:</td><td colspan="4">310108002156789</td></tr>
<tr><td>地　址、电　话:</td><td colspan="4">上海市丁香路 123 号　021-64551234</td></tr>
<tr><td>开户行及账号:</td><td colspan="4">工行徐汇支行　252-67891234</td></tr>
</table>

收款人:　　　　复核:　　　　开票人:王立明　　　　销售方:(章)

第一联: 记账联 销售方记账凭证

上海增值税专用发票

3100264866

发票联

No. 22085908

开票日期:2019 年 12 月 21 日

<table>
<tr><td rowspan="4">购买方</td><td>名　　　称:</td><td colspan="4">立信机械设备制造厂</td><td rowspan="4">密码区</td><td colspan="2">8－03＋//5 * 6297－8 * 291　版本:01</td></tr>
<tr><td>纳税人识别号:</td><td colspan="4">310108002156789</td><td colspan="2">0＋4－＞2713－84698＞1/640　3100264866</td></tr>
<tr><td>地　址、电　话:</td><td colspan="4">上海市丁香路 123 号　021-64551234</td><td colspan="2">162＋09＜＜ * 5＞15－2％－8　22085908</td></tr>
<tr><td>开户行及账号:</td><td colspan="4">工行徐汇支行华分处　252-67891234</td><td colspan="2">＜ * 26＋＞＜30 * 8//58127－</td></tr>
<tr><td colspan="2">货物或应税劳务、服务名称</td><td>规格型号</td><td>单 位</td><td>数 量</td><td>单 价</td><td>金 额</td><td>税率</td><td>税 额</td></tr>
<tr><td colspan="2">运输费(车床)</td><td></td><td>吨</td><td>3.2</td><td>353.77</td><td>￥1 132.08</td><td>6％</td><td>￥67.92</td></tr>
<tr><td colspan="2">合　　计</td><td></td><td></td><td></td><td></td><td>￥1 132.08</td><td></td><td>￥67.92</td></tr>
<tr><td colspan="2">价税合计(大写)</td><td colspan="5">零拾零万壹仟贰佰零拾零元零角零分</td><td>(小写) ￥1 200.00</td><td></td></tr>
<tr><td rowspan="4">销售方</td><td>名　　　称:</td><td colspan="4">上海申通运物流运输有限公司</td><td rowspan="4">备注</td><td colspan="2" rowspan="4"></td></tr>
<tr><td>纳税人识别号:</td><td colspan="4">310225511411317</td></tr>
<tr><td>地　址、电　话:</td><td colspan="4">上海市顺兴路 688 号　61117890</td></tr>
<tr><td>开户行及账号:</td><td colspan="4">工行静安支行　267-03012378</td></tr>
</table>

收款人:张小敏　　　　复核:　　　　开票人:王复　　　　销售方:(章)

第三联: 发票联 购买方记账凭证

中国工商银行上海市分行

支票号码:WJ 208337

附加信息＿＿＿＿＿＿＿＿＿＿＿＿＿＿

＿＿＿＿＿＿＿＿＿＿＿＿＿＿＿＿

＿＿＿＿＿＿＿＿＿＿＿＿＿＿＿＿

＿＿＿＿＿＿＿＿＿＿＿＿＿＿＿＿

出票日期:2019 年 2 月 20 日
收 款 人:上海申通运物流运输公司
金　　额:1 200.00
用　　途:支付运费

立信机械设备制造厂
产品出库单

No.06896

接受单位:金欣股份有限公司
用　　途:销售　　　　　　　　2019 年 2 月 20 日　　　　　　　　仓库:成品仓库

产品名称或型号	计量单位	数 量	金 额	
			单位成本	总 成 本
车床 DA6140A	台	1	35 670	35 670
车床 DAK63	台	1	41 250	41 250
备 注			合 计	76 928

② 记账联

仓库管理员:刘玉和　　　　　接受单位经手人:李晓光　　　　　制单:毛莉娟

资料 5:收款凭证,付款凭证,转账凭证(包括备用)。

收 款 凭 证

		总 号	
		分 号	

借方科目　　　　　　　　　　　年　月　日

摘 要	应 贷 科 目		√	金 额	
	一级科目	二级和明细科目		亿 千 百 十 万 千 百 十 元 角 分	
	合 计				

附件　张

财会主管　　　　记账　　　　出纳　　　　复核　　　　制单

付 款 凭 证

总号	
分号	

贷方科目　　　　　　　　　　　　年　月　日

摘　要	应 借 科 目		√	金　额										附
	一 级 科 目	二级和明细科目		亿	千	百	十	万	千	百	十	元	角	分	件
														张
		合　计												

財会主管　　　　记账　　　　出纳　　　　复核　　　　制单

付 款 凭 证

总号	
分号	

贷方科目　　　　　　　　　　　　年　月　日

摘　要	应 借 科 目		√	金　额										附
	一 级 科 目	二级和明细科目		亿	千	百	十	万	千	百	十	元	角	分	件
														张
		合　计												

財会主管　　　　记账　　　　出纳　　　　复核　　　　制单

转 账 凭 证

总号	
分号	

年　月　日

摘　要																
借 方 科 目		√	贷 方 科 目		√	金　额										附
一级科目	二级或明细科目		一级科目	二级或明细科目		亿	千	百	十	万	千	百	十	元	角	分	件
															张
				合　计												

財会主管　　　　记账　　　　复核　　　　制单

转 账 凭 证

年 月 日

总号	
分号	

摘 要																	
借 方 科 目			贷 方 科 目			金 额											附件
一级科目	二级或明细科目	✓	一级科目	二级或明细科目	✓	亿	千	百	十	万	千	百	十	元	角	分	
																	张
		合 计															

财会主管　　　　　记账　　　　　复核　　　　　　　　　制单

转 账 凭 证

年 月 日

总号	
分号	

摘 要																	
借 方 科 目			贷 方 科 目			金 额											附件
一级科目	二级或明细科目	✓	一级科目	二级或明细科目	✓	亿	千	百	十	万	千	百	十	元	角	分	
																	张
		合 计															

财会主管　　　　　记账　　　　　复核　　　　　　　　　制单

转 账 凭 证

年 月 日

总号	
分号	

摘 要																	
借 方 科 目			贷 方 科 目			金 额											附件
一级科目	二级或明细科目	✓	一级科目	二级或明细科目	✓	亿	千	百	十	万	千	百	十	元	角	分	
																	张
		合 计															

财会主管　　　　　记账　　　　　复核　　　　　　　　　制单

转　账　凭　证

年　月　日

摘　要																
借　方　科　目			贷　方　科　目			金　额										
一级科目	二级或明细科目	✓	一级科目	二级或明细科目	✓	亿	千	百	十	万	千	百	十	元	角	分
			合　计													

附件

张

财会主管　　　　　　　记账　　　　　　　复核　　　　　　　　　　制单

三、实习要求

(1) 根据上述由不同经济业务涉及的各项原始凭证,分析确定需要填制的记账凭证并分别填制完成。

(2) 审核所填制记账凭证的规范性,发现不规范之处请予以更正(在凭证空白处明显标注更正内容)。

四、实习指导

(1) 根据资料 1 进账单编制记账凭证时,必须审核进账单的合规性,并分清所涉及的银行账户与进账款项的来源,以便确定付款凭证上所用的银行存款明细账户及其对应账户。

(2) 资料 2 中的支票存根表明立信机械设备制造厂采用支票结算方式向美亚贸易股份有限公司支付货款的事项已经发生,存根上所列收款人、金额、用途等信息应与增值税专用发票上的相关信息一致。

(3) 资料 4 共包含四份原始凭证,分别证明与"产品销售"相关的事项已经发生:

发票、产品出库单,表明产品的所有权及产品实物已交与买方,即产品已经销售,可确认销售收入,同时表明库存产品已经减少。

运单、支票存根,表明在销售产品过程中发生运费并已支付,该运费应作为销售费用处理。

由于资料 4 中没有收款证明,则表明产品销售款尚未收取。

所以,根据资料 4 应填制 2 张转账凭证(确认产品销售收入、结转产品销售成本)和 1 张付款凭证(确认销售费用)。

实习三　登记会计账簿

一、实习目的

掌握账簿的登记与月末结账。

二、实习资料

立信机械设备制造厂2019年3月部分经济业务的原始凭证或记账凭证资料如下。

资料1:收料单(2张,编号:0601、0608);领料单(4张,编号:2204、2205、2209、2210),记账凭证(6张,编号:转4、转10、转23、转26、转30、转38),数量金额式账页(原材料明细账)。

立信机械设备制造厂
收　料　单

No. 0601

供货单位:上海文昌贸易公司

发票号码:No. 12370243　　　　　　　2019年3月2日　　　　　　仓库:材料仓库

材料类别	材料名称	计量单位	数　量		金　额	
			应　收	实　收	单位成本	总成本
主要材料	钢材	吨	20	20	4 500.00	90 000.00
备　注					合　计	90 000.00

②记账联

验收:娄　晨　　　　　仓库保管员:王安亿　　　　　制单:毛莉娟

转 账 凭 证

	总号	转4
	分号	

2019 年 3 月 2 日

摘　要　材料验收入库。

借　方　科　目			贷　方　科　目			金　额										附 件
一级科目	二级或明细科目	√	一级科目	二级或明细科目	√	亿	千	百	十	万	千	百	十	元	角	分
原材料	钢材		材料采购	钢材						9	0	0	0	0	0	0
			合　计					¥	9	0	0	0	0	0	0	0

附件 1 张

财会主管　王亮　　　记账　曹萍　　　复核　刘芳　　　制单　曹萍

立信机械设备制造厂
领　料　单

No. 2204

领用部门：铸造车间

用　　途：生产 DA6140A 车床部件　　　　2019 年 3 月 3 日　　　　　　　仓库：材料仓库

材　料　类　别	材　料　名　称	计量单位	数　量		金　额	
			请领	实领	单位成本	总成本
主要材料	钢材	吨	25	25	4 500.00	112 500.00
备　注					合　计	112 500.00

② 记账联

仓库保管员：王安亿　　　　　　领料部门主管：魏　忠　　　　　　领料人：李小刚

转 账 凭 证

	总号	转10
	分号	

2019 年 3 月 3 日

摘　要　生产领用材料。

借　方　科　目			贷　方　科　目			金　额											附 件
一级科目	二级或明细科目	√	一级科目	二级或明细科目	√	亿	千	百	十	万	千	百	十	元	角	分
生产成本	DA6140A 车床部件		原材料	钢材				1	1	2	5	0	0	0	0	0
			合　计				¥	1	1	2	5	0	0	0	0	0

附件 1 张

财会主管　王亮　　　记账　曹萍　　　复核　刘芳　　　制单　曹萍

立信机械设备制造厂
领 料 单

No.2205

领用部门:装配车间

用　　途:车间一般耗用　　　　　　　2019 年 3 月 6 日　　　　　　　仓库:材料仓库

材 料 类 别	材 料 名 称	计量单位	数 量		金 额	
			请 领	实 领	单位成本	总 成 本
主要材料	钢材	吨	1	1	4 500.00	4 500.00
备　注					合 计	4 500.00

②记账联

仓库保管员:王安亿　　　　　　　领料部门主管:魏　忠　　　　　　　领料人:李小刚

转 账 凭 证

2019 年 3 月 6 日

总号	转 23
分号	

摘　要　车间一般耗用领用钢材。

借 方 科 目		√	贷 方 科 目		√	金 额										
一级科目	二级或明细科目		一级科目	二级或明细科目		亿	千	百	十	万	千	百	十	元	角	分
制造费用	装配车间(其他)		原材料	钢材							4	5	0	0	0	0
				合 计						¥	4	5	0	0	0	0

附件 1 张

财会主管　王　亮　　　　　记账　曹　萍　　　　　复核　刘　芳　　　　　制单　曹　萍

立信机械设备制造厂
收 料 单

No.0608

供货单位:上海文昌贸易公司

发票号码:No.12435869　　　　　　　2019 年 3 月 8 日　　　　　　　仓库:材料仓库

材 料 类 别	材 料 名 称	计量单位	数 量		金 额	
			应 收	实 收	单位成本	总 成 本
主要材料	钢材	吨	35	35	4 500.00	157 500.00
备　注					合 计	157 500.00

②记账联

验收:娄　晨　　　　　　　仓库保管员:王安亿　　　　　　　制单:毛莉娟

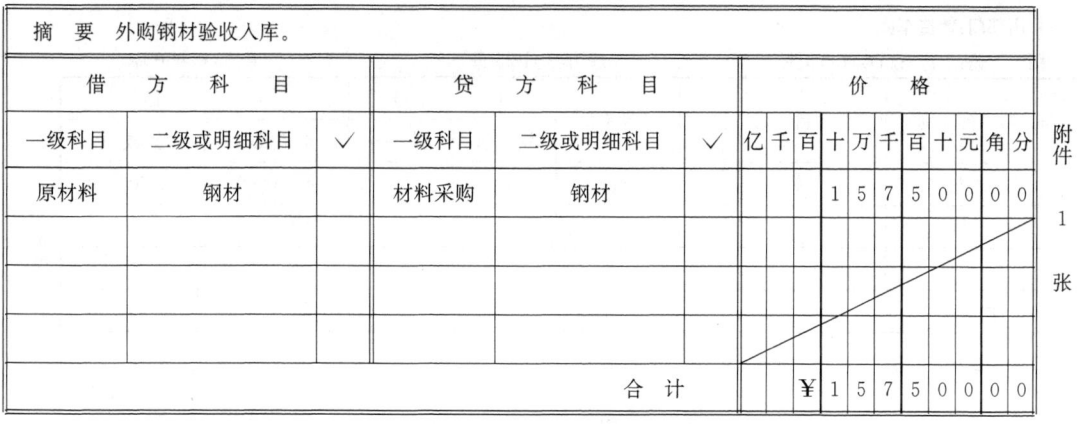

转 账 凭 证

2019 年 3 月 8 日

总 号	转 26
分 号	

摘 要　外购钢材验收入库。

借　方　科　目			贷　方　科　目			价　格										附件
一级科目	二级或明细科目	√	一级科目	二级或明细科目	√	亿	千	百	十	万	千	百	十	元	角	分
原材料	钢材		材料采购	钢材				1	5	7	5	0	0	0	0	0
				合　计			¥	1	5	7	5	0	0	0	0	0

附件 1 张

财会主管　王亮　　　记账　曹萍　　　复核　刘芳　　　制单　曹萍

立信机械设备制造厂
领 料 单

No. 2209

领用部门：铸造车间

用　途：生产 DAK63 车床部件　　　　2019 年 3 月 12 日　　　　仓库：材料仓库

材　料　类　别	材　料　名　称	计量单位	数　量		价　格	
			请 领	实 领	单位成本	总 成 本
主要材料	钢材	吨	18	18	4 500.00	81 000.00
备　注					合　计	81 000.00

② 记账联

仓库保管员：王安亿　　　　领料部门主管：魏　忠　　　　领料人：李小刚

转 账 凭 证

2019 年 3 月 12 日

总 号	转 30
分 号	

摘 要　生产领用材料。

借　方　科　目			贷　方　科　目			价　格										附件
一级科目	二级或明细科目	√	一级科目	二级或明细科目	√	亿	千	百	十	万	千	百	十	元	角	分
生产成本	DAK63 车床部件		原材料	钢材					8	1	0	0	0	0	0	0
				合　计				¥	8	1	0	0	0	0	0	0

附件 1 张

财会主管　王亮　　　记账　曹萍　　　复核　刘芳　　　制单　曹萍

立信机械设备制造厂
领　料　单

领用部门:铸造车间
用　　途:生产 STD4540 部件　　　　　2019 年 3 月 25 日　　　　　仓库:材料仓库

材　料　类　别	材　料　名　称	计量单位	数　　量		金　　额	
			请　领	实　领	单位成本	总成本
主要材料	钢材	吨	15	15	4 500.00	67 500.00
备　注					合　计	67 500.00

②记账联

仓库保管员:王安亿　　　　　领料部门主管:魏　忠　　　　　领料人:李小刚

转　账　凭　证

总号	转 38
分号	

2019 年 3 月 25 日

摘　要　生产领用材料。

借　方　科　目		√	贷　方　科　目		√	价　格									
一级科目	二级或明细科目		一级科目	二级或明细科目		亿	千	百	十	万	千	百	十	元	角	分
生产成本	STD4540 部件		原材料	钢材					6	7	5	0	0	0	0	0
			合　　计					¥	6	7	5	0	0	0	0	0

附件 1 张

财会主管　王　亮　　　　记账　曹　萍　　　　复核　刘　芳　　　　制单　曹　萍

资料 2:记账凭证(3 张,编号:转 3、转 25、银付 47),三栏式账页(应付账款明细账)。

转　账　凭　证

总号	转 3
分号	

2019 年 3 月 2 日

摘　要　购入钢材,款未付。

借　方　科　目		√	贷　方　科　目		√	价　格									
一级科目	二级或明细科目		一级科目	二级或明细科目		亿	千	百	十	万	千	百	十	元	角	分
材料采购	钢材		应付账款	上海文昌贸易公司					9	0	0	0	0	0	0	0
应交税费	应交增值税(进项税额)		应付账款	上海文昌贸易公司					1	4	4	0	0	0	0	0
			合　　计				¥	1	0	4	4	0	0	0	0	0

附件 1 张

财会主管　王　亮　　　　记账　曹　萍　　　　复核　刘　芳　　　　制单　曹　萍

原材料明细账

分页　5　　总页
编号、名称　101　　类别　主要材料
规格
计量单位　吨
存放地点　材料仓库
储备天数
最高存量　100 吨
最低存量　5 吨

2019年		凭证		摘要	收　入			发　出			结　存		
月	日	种类	号数		数量	单价	金额	数量	单价	金额	数量	单价	金额
3	1			月初余额							10	4 500.00	45 000 00

转 账 凭 证

2019 年 3 月 8 日

总号	转 25
分号	

摘 要　购入钢材,款未付。

借　方　科　目			贷　方　科　目			金　额									
一级科目	二级或明细科目	√	一级科目	二级或明细科目	√	亿	千	百	十	万	千	百	十	元	角	分
材料采购	钢材		应付账款	上海文昌贸易公司				1	5	7	5	0	0	0	0	0
应交税费	应交增值税(进项税额)		应付账款	上海文昌贸易公司					2	5	2	0	0	0	0	0
				合　计			¥	1	8	2	7	0	0	0	0	0

附件 1 张

财会主管　　　　　　记账　　　　　　复核　　　　　　制单

付 款 凭 证

2019 年 3 月 20 日

总号	银付 47
分号	

贷方科目　银行存款——工行

摘　要	应　借　科　目		√	金　额										
	一　级　科　目	二级和明细科目		亿	千	百	十	万	千	百	十	元	角	分
向上海文昌贸易公司支付购货款	应付账款	上海文昌贸易公司	√			4	0	0	0	0	0	0	0	0
合　计					¥	4	0	0	0	0	0	0	0	0

附件 1 张

财会主管　王 亮　　记账　张 丹　　出纳　张 丹　　复核　刘 芳　　制单　张 丹

资料 3:记账凭证(6 张,编号:银付 7、转 $56\frac{1}{2}$、转 $56\frac{2}{2}$、转 59、转 $68\frac{1}{2}$、转 $68\frac{2}{2}$),多栏式账页(管理费用明细账)。

应付账款明细账

会计科目 应付账款
明细科目 上海文昌贸易公司

2019年		凭证		摘　要	对应科目	借　方												贷　方													借/贷	余　额												
月	日	种类	号数			百	十	亿	千	百	十	万	千	百	十	元	角	分	百	十	亿	千	百	十	万	千	百	十	元	角	分	贷	百	十	亿	千	百	十	万	千	百	十	元	角	分
3	1			月初余额																												贷							1	0	7	5	0	0	0	0

付 款 凭 证

2019 年 3 月 9 日

总号	银付 7
分号	

贷方科目　银行存款——工行

摘　要	应 借 科 目		✓	金　额	
	一级科目	二级和明细科目		亿千百十万千百十元角分	附件
购买办公用品。	管理费用	办公费	✓	5 0 0 0 0 0	2
					张
		合　计		¥ 5 0 0 0 0 0	

财会主管　王 亮　　记账　张 丹　　出纳　张 丹　　复核　刘 芳　　制单　张 丹

转 账 凭 证

2019 年 3 月 31 日

总号	转 56
分号	$\frac{1}{2}$

摘　要　结算分配工资。

借 方 科 目		✓	贷 方 科 目		✓	金　额	
一级科目	二级或明细科目		一级科目	二级或明细科目		亿千百十万千百十元角分	附件
生产成本	DA6140A 车床（直接人工）		应付职工薪酬			3 8 0 0 0 0 0	1
生产成本	DAK63 车床（直接人工）		应付职工薪酬			3 2 0 0 0 0 0	张
生产成本	STD4540 车床（直接人工）		应付职工薪酬			3 5 0 0 0 0 0	
制造费用	铸造车间（工资薪酬）		应付职工薪酬			1 1 0 0 0 0 0	
				合　计			

财会主管　王 亮　　　　记账　曹 萍　　　　复核　刘 芳　　　　制单　曹 萍

转 账 凭 证

2019 年 3 月 31 日

总号	转 56
分号	$\frac{2}{2}$

摘　要　结算分配工资。

借 方 科 目		✓	贷 方 科 目		✓	金　额	
一级科目	二级或明细科目		一级科目	二级或明细科目		亿千百十万千百十元角分	附件
制造费用	装配车间（工资薪酬）		应付职工薪酬			1 2 0 0 0 0 0	
管理费用	工资薪酬		应付职工薪酬			2 4 0 0 0 0 0	张
				合　计		¥ 1 5 2 0 0 0 0 0	

财会主管　王 亮　　　　记账　曹 萍　　　　复核　刘 芳　　　　制单　曹 萍

转 账 凭 证

总号	转59
分号	

2019 年 3 月 31 日

摘 要　计提本月固定资产折旧费。

借方科目			贷方科目			金额										
一级科目	二级或明细科目	√	一级科目	二级或明细科目	√	亿	千	百	十	万	千	百	十	元	角	分
制造费用	铸造车间(折旧费)		累计折旧							1	3	0	0	0	0	0
制造费用	装配车间(折旧费)		累计折旧							1	8	0	0	0	0	0
管理费用	折旧费		累计折旧								8	0	0	0	0	0
				合　计					¥	3	9	0	0	0	0	0

财会主管　王亮　　　记账　曹萍　　　复核　刘芳　　　制单　曹萍

附件 2 张

转 账 凭 证

总号	转68
分号	1/2

2019 年 3 月 31 日

摘 要　结转本年利润。

借方科目			贷方科目			金额										
一级科目	二级或明细科目	√	一级科目	二级或明细科目	√	亿	千	百	十	万	千	百	十	元	角	分
本年利润			主营业务成本						3	2	0	0	0	0	0	0
本年利润			税金及附加							2	2	4	0	0	0	0
本年利润			销售费用							3	6	0	0	0	0	0
本年利润			管理费用	办公费							5	0	0	0	0	0
				合　计												

财会主管　王亮　　　记账　曹萍　　　复核　王亮　　　制单　曹萍

附件 1 张

转 账 凭 证

总号	转68
分号	2/2

2019 年 3 月 31 日

摘 要　结转本年利润。

借方科目			贷方科目			金额										
一级科目	二级或明细科目	√	一级科目	二级或明细科目	√	亿	千	百	十	万	千	百	十	元	角	分
本年利润			管理费用	工资薪酬						2	4	0	0	0	0	0
本年利润			管理费用	折旧费							8	0	0	0	0	0
本年利润			财务费用								6	0	0	0	0	0
				合　计					¥	4	2	1	4	0	0	0	0

财会主管　王亮　　　记账　曹萍　　　复核　王亮　　　制单　曹萍

附件 张

资料4:记账凭证[5账,编号:转9、转56 $\frac{1}{2}$(见资料3)、转56 $\frac{2}{2}$(见资料3)、转60 $\frac{1}{3}$、转60 $\frac{2}{3}$、转60 $\frac{3}{3}$、转62],多栏式(无贷方)账页(生产成本明细账)。

转 账 凭 证

总号	转9
分号	

2019 年 3 月 9 日

摘 要　领用 DAK63 部件。

借 方 科 目			贷 方 科 目			金　额										附件
一级科目	二级或明细科目	√	一级科目	二级或明细科目	√	亿	千	百	十	万	千	百	十	元	角	分
生产成本	DA63 车床（直接材料）		原材料	DAK63 部件				1	7	0	0	0	0	0	0	0
				合　计				¥	1	7	0	0	0	0	0	0	0

附件 1 张

财会主管　王 亮　　　记账　曹 萍　　　复核　刘 芳　　　制单　曹 萍

转 账 凭 证

总号	转60
分号	$\frac{1}{3}$

2019 年 3 月 31 日

摘 要　分配结转制造费用。

借 方 科 目			贷 方 科 目			金　额											附件
一级科目	二级或明细科目	√	一级科目	二级或明细科目	√	亿	千	百	十	万	千	百	十	元	角	分
生产成本	DA6140A 车床（制造费用）		制造费用	装配车间（工资薪酬）						1	9	8	0	0	0	0
生产成本	DA6140A 车床（制造费用）		制造费用	装配车间（折旧费）							9	0	0	0	0	0
生产成本	DA6140A 车术（制造费用）		制造费用	装配车间（其他）							7	2	0	0	0	0
生产成本	DAK63 车床（制造费用）		制造费用	装配车间（工资薪酬）						1	5	9	5	0	0	0
				合　计												

附件 1 张

财会主管　王 亮　　　记账　曹 萍　　　复核　刘 芳　　　制单　曹 萍

转 账 凭 证

2019 年 3 月 31 日

总号	转 60
分号	2/3

摘　要　分配结转制造费用。

借　方　科　目		√	贷　方　科　目		√	金　额											附件
一级科目	二级或明细科目		一级科目	二级或明细科目		亿	千	百	十	万	千	百	十	元	角	分	
生产成本	DAK63 车床（制造费用）		制造费用	装配车间（折旧费）							7	2	5	0	0	0	
生产成本	DAK63 车床（制造费用）		制造费用	装配车间（其他）							5	8	0	0	0	0	张
生产成本	STD4540 车床（制造费用）		制造费用	装配车间（工资薪酬）						3	3	5	5	0	0	0	
生产成本	STD4540 车床（制造费用）		制造费用	装配车间（折旧费）						1	5	2	5	0	0	0	
				合　计													

财会主管　王　亮　　　　记账　曹　萍　　　　复核　刘　芳　　　　制单　曹　萍

转 账 凭 证

2019 年 3 月 31 日

总号	转 60
分号	3/3

摘　要　分配结转制造费用。

借　方　科　目		√	贷　方　科　目		√	金　额											附件
一级科目	二级或明细科目		一级科目	二级或明细科目		亿	千	百	十	万	千	百	十	元	角	分	
生产成本	STD4540 车床（制造费用）		制造费用	装配车间（其他）						1	2	2	0	0	0	0	
																	张
				合　计			¥	1	2	6	0	0	0	0	0		

财会主管　王　亮　　　　记账　曹　萍　　　　复核　刘　芳　　　　制单　曹　萍

转 账 凭 证

2019 年 3 月 31 日

总号	转 62
分号	

摘　要　结转本月完工产品成本。

借　方　科　目		√	贷　方　科　目		√	金　额											附件
一级科目	二级或明细科目		一级科目	二级或明细科目		亿	千	百	十	万	千	百	十	元	角	分	
库存商品	DAK63 车床		生产成本	DAK63 车床（直接材料）				1	9	2	0	0	0	0	0	0	1
库存商品	DAK63 车床		生产成本	DAK63 车床（直接人工）					3	6	5	0	0	0	0	0	
库存商品	DAK63 车床		生产成本	DAK63 车床（制造费用）					3	3	4	0	0	0	0	0	张
				合　计			¥	2	6	1	9	0	0	0	0	0	

财会主管　王　亮　　　　记账　曹　萍　　　　复核　刘　芳　　　　制单　曹　萍

三、实习要求

(1) 根据资料 1,登记数量金额式"原材料——钢材"明细账,完成月末结账。

(2) 根据资料 2,登记三栏式"应付账款——上海文昌贸易公司"明细账,完成月末结账,并对余额作出说明。

(3) 根据资料 3,登记多栏式(有贷方)"管理费用"明细账,完成月末结账。

(4) 根据资料 4,登记多栏式(无贷方)"生产成本——DAK63 车床部件"明细账,完成月末结账,并对余额作出说明。

四、实习指导

(1) 资料 1 提供的收料单与领料单表明立信机械设备制造厂对原材料(钢材)采用永续盘存制进行管理,登记数量金额式明细账时,应根据收料单和领料单上钢材增减记录,将数量、单价与金额作同步登记。

结账时,必须在结账行就数量、单价与金额三项内容分别结计钢材收入、发出与结存的本月合计数。

(2) 手工登记应付账款明细账时,若出现借方余额,则应在余额方向栏填写"借"字,余额栏中金额仍用黑色或蓝色墨水书写,并用正数表示,不能用红字和负数表示。

结账时,不需结计本月借、贷方发生额,只需在最后登记行的下沿划单红线表示结账,以分隔下月的登记内容。

(3) 资料 3 提供的多栏式管理费用明细账账页为通用格式,金额分析栏的方向及其中专栏名称应根据各记账单位的实际需要设置。从资料 4 提供的记账凭证上可见,立信机械设备制造厂管理费用明细账的金额分析栏应在借方,包括工资薪酬、折旧费和办公费等专栏,设置完毕才能登账。借方专栏是对借方发生额的详尽说明,借方金额栏中登记的每一笔金额,都必须在该行金额分析专栏的相关位置中进行登记。例如,根据记账凭证"银付 7"登记的借方金额 5 000 元,必须同时在该行与"办公费"专栏这列的交叉位置进行登记,以进一步说明该项费用的具体内容。

结账时,必须结计借、贷方发生额的本月合计数和本年累计数(本项实习略)。

(4) 资料 4 提供的多栏式生产成本明细账账页无贷方金额栏和余额栏,所以,贷方发生额与余额都需要在借方金额栏反映。例如,手工登记"转 62"记账凭证(结转完工产品成本)时,应在借方金额栏用红字"2 619 000"登记,不能用"-2 619 000"登记,而且该金额的组成额(192 000、36 500 和 33 400)应分别登记在同一行的"直接材料""直接人工"和"制造费用"三个金额分析专栏中。同样,在借方金额栏结计的余额,也必须在上述 3 个金额分析专栏中作相关登记。

无贷方多栏式生产成本明细账在结账时需要结计的内容包括:本月生产费用合计、本月生产费用累计、结转完工产品成本和月末余额等四项。

管理费用明细账

一　级科目　　管理费用
　　　级科目

2019年		凭证号数	摘　要	借　方	贷　方	借/贷	余　额	（　　）方　金　额　分　析							
月	日			千百十万千百十元角分	千百十万千百十元角分		千百十万千百十元角分	百十万千百十元角分	百十万千百十元角分	百十万千百十元角分	百十万千百十元角分	百十万千百十元角分	百十万千百十元角分	百十万千百十元角分	十万千百十元角分

生 产 成 本 明 细 账

订货单位：_____ 生产车间：_____

投产日期：__年__月__日 完工日期：__年__月__日

完成产量：_____ 计划工时：_____ 实际工时：_____

数量：_____ 规格：_____

生产批号：_____ 明细科目：DAK63 车床

产品/部门名称：DAK63 车床/装配车间

2019年 月	日	凭证 号数	摘 要	借 方 发 生 额 亿千百十万千百十元角分	明 细 项 目								
					直接材料 千百十万千百十元角分	直接人工 千百十万千百十元角分	制造费用 千百十万千百十元角分	千百十万千百十元角分	千百十万千百十元角分	千百十万千百十元角分	千百十万千百十元角分	千百十万千百十元角分	千百十万千百十元角分
3	1		月初余额	5760000	4200000	800000	760000						

第二部分 簿记综合实习

　　本部分综合实习可以分解成若干个阶段,配合会计学基础课程教学平行地安排实习内容;还可以在该课程教学后期,甚至该课程教学全部结束后,再安排实习。

一、实习企业概况

企业名称：上海飞跃标牌厂
住　　所：上海市园丁路886号
电　　话：65016868
法定代表人：张双庆
注册资金：伍拾万元整
企业类型：有限责任公司
经营范围：主要从事有机玻璃和不锈钢两种材质的标牌生产与销售，产品涉及公路标牌、
　　　　　交通标牌、煤矿标牌、小区标牌、展示厅标牌等
纳税人登记号：310108001293875
企业银行开户情况：
　　　基本存款户：中国工商银行上海市分行长宁支行红霞分理处
　　　账号：252-66013172
财务主管：成功

二、实习企业账务处理程序

该企业经济业务内容较简单,转账业务数量较少。为了更科学、合理、有效地开展会计工作,该企业采取将科目汇总表账务处理程序与记账凭证账务处理程序相结合的方法进行会计核算。其主要特点是:月末根据收付款凭证编制科目汇总表,汇总后登记总分类账;根据转账凭证,逐笔登记总分类账。该企业账务处理程序如图1所示。

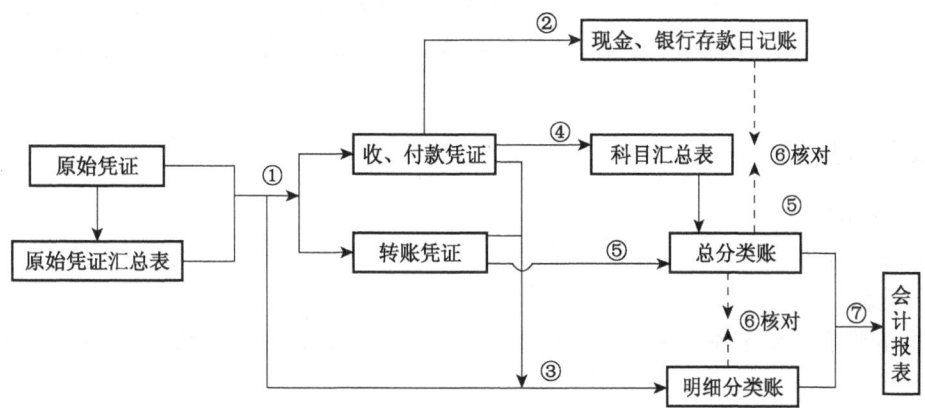

图1 账务处理程序

三、实习目的、程序、要求及实习组织

(一) 实习目的

通过本册模拟实习,使学生能够理论联系实际,对会计实务中各种原始凭证和记账凭证的填写和编制、不同格式账簿的登记和结账等一系列会计基础工作,有一个系统的、全面的认识,将学生所学的会计基础知识转化为会计实务的基本操作能力,为学生进一步学习财务会计知识打下扎实的基础。

(二) 实习程序

1. 熟悉情况

熟悉实习企业概况及其账务处理程序。

2. 开设账户

根据本册第四部分"建账资料"中提供的 2019 年 1 月初各账户余额,开设现金日记账、银行存款日记账、各有关总分类账和明细分类账。

3. 填制原始凭证

根据本册第五、第六两部分提供的有关资料,填制空白原始凭证。

4. 编制记账凭证

根据本册第六部分提供的原始凭证,对每笔经济业务分类编制收款凭证、付款凭证和转账凭证,并将原始凭证附于记账凭证之后。

本实习对于现金和银行存款之间的收付业务,要求以贷项为主,只编付款凭证;对不锈钢板的领用业务,要求根据限额领料单上全月实际领用数结转材料成本;对于产成品销售业务,要求于月末汇总后结转销售成本。

5. 登记账簿

登记账簿时,对现金日记账、银行存款日记账和有关明细分类账,应在业务发生时根据原始凭证或记账凭证进行登记;对各有关总分类账,则应区别不同业务,即对现金、银行存款收付业务,应在月末先编制科目汇总表,再根据科目汇总表登记总分类账,对转账业务,应在编制了记账凭证后随即登记总分类账。

6. 对账和结账

月末结出各类账户本期发生额及期末余额,将总分类账簿、明细分类账簿、日记账簿中相关内容进行核对,并按权责发生制的要求计算、结转损益。

7. 编制会计报表

根据正确无误的账簿记录编制资产负债表、利润表和现金流量表。

该企业为了加强财务管理,要求按月编制现金流量表。

本步骤可以根据实习学生的实际情况决定取舍,略去本步骤,也不会影响实习程序中其他步骤的进行和整个实习的完整性。

8. 装订成册

月末(实习结束时)将收款凭证、付款凭证和转账凭证分别按编号排列,折叠整齐,加具封面,装订成册。同时还应将日记账、总分类账、明细分类账及会计报表分别加具封面,装订成册。

9. 完成实习报告

汇总综合实习主要结果,分析、解答实习思考题,完成实习报告。

(三) 实习要求

1. 填制自制原始凭证的要求

原始凭证作为编制记账凭证的依据,具有法律效力,因此,根据本册实习所提供资料填制有关经济业务的原始凭证时,需注意以下要求:

(1) 原始凭证必须逐项填写有关内容,不得遗漏。原始凭证内容一般包括:凭证名称,填制日期,填制凭证单位名称或填制人姓名,经办人签名或盖章,接受凭证单位名称,经办业务内容、数量、单位和金额。

(2) 原始凭证书写要规范。原始凭证的填写必须使用蓝(黑)墨水,不得使用铅笔或圆珠笔;文字端正,不得使用未经国务院公布的简化字;文字数字书写应紧靠行格底线,上方应留有适当空距,不可满格(顶格)书写。

(3) 原始凭证中阿拉伯数字书写要求。对于阿拉伯数字要逐个填写清楚,不得连写,在数字前应填写人民币符号"￥",阿拉伯数字一律应填写到角分。无角分的,角位和分位写"00"或"—";有角无分的,分位应当写"0",不得用"—"代替。

除此之外,注意不要把"0"和"6""1"和"7""3"和"8""7"和"9"混写。在阿拉伯数字的整数部分,可以从小数点起向左按"三位一节"用分位点","分开。

(4) 中文大写数字的书写要求。大写金额一律应用"壹、贰、叁、肆、伍、陆、柒、捌、玖、拾、佰、仟、万、亿、元、角、分、零、整"等,并要注意:

"角"不能用"毛"代替,"零"不能写"另";

大写金额未到分位的,应在其后写"整"字;

阿拉伯数字中有"0"的,大写金额应写有"零"字对应,如￥109.80元,应写成人民币壹佰零玖元捌角整;阿拉伯数字中连续有几个"0"时,大写金额中可以只写一个"零"字,例如￥300.40元,应写成人民币叁佰元零肆角整;

大写金额前要冠以"人民币"字样,其与大写金额首位数字之间不留空位,数字之间更不能留空位。

2. 填制支票的要求

支票日期必须使用中文大写,并且在填写月、日时,若月为壹、贰和壹拾的,日为壹至玖和壹拾、贰拾和叁拾的,应在其前加"零",如1月18日应写为零壹月壹拾捌日,1月20日应写为零壹月零贰拾日。日为拾壹至拾玖的,应在其前加"壹"字。详见下页支票样张。

3. 填制记账凭证的要求

记账凭证分为收款凭证、付款凭证、转账凭证三种,在填制中应注意以下要求:

(1) 记账凭证的内容必须逐项填列,不得遗漏。记账凭证填制内容一般包括:记账凭证名称,凭证日期和凭证的编号,会计科目(包括子目、细目),借贷方向和金额,经济业务的内容摘要,所附原始凭证的张数,填制、审核、记账、会计主管等有关人员的签名或盖章,此外,收款和付款凭证还需出纳人员的签章。

(2) 会计科目应保持清晰、正确的对应关系,会计科目要写全称,不能简化,子目、细目要准确。

(3) 摘要栏的填写应简明扼要,明确清晰,既要反映每笔经济业务的概要,又要避免过分简化。

(4) 结合该单位具体情况,可以根据原始凭证来填制记账凭证,也可根据原始凭证汇总表填制记账凭证,但不能把不同类别经济业务合并编制在一张记账凭证上。一份原始凭证若涉及几张记账凭证的,可将原始凭证附在主要记账凭证之后,同时,需在其他记账凭证上注明附有原始凭证的记账凭证编号及其所附原始凭证的张数。

(5) 填写完记账凭证上的经济业务事项后,应当自金额栏最后一笔的金额数字下至合计数之间的空栏处划线注销。

(6) 记账凭证登记入账后,应在规定处标明已入账的标记"√"。

(7) 所有记账凭证必须分类编号,并填写在编号栏内。

现收 01　　现收 02　……

现付 01　　现付 02　……

银收 01　　银收 02　……

银付 01　　银付 02　……

转 01　　　转 02　　……　以此类推。

若遇较为复杂的经济业务需编两份以上记账凭证时,可用编分号的方式表示,假如第 8 笔转账业务需要编三张记账凭证,则其编号依次为 $8\frac{1}{3}$、$8\frac{2}{3}$、$8\frac{3}{3}$。记账凭证详见样张如下。

支票样张

收款凭证样张

收 款 凭 证

总 号	银收 1
分 号	

借方科目 银行存款——工行

2019 年 1 月 2 日

摘 要	应 贷 科 目		√	金 额										
	一 级 科 目	二级和明细科目		亿	千	百	十	万	千	百	十	元	角	分
销售产品,收到货款	主营业务收入	甲产品	√			3	8	4	0	0	0	0	0
		乙产品	√			1	6	8	0	0	0	0	0
	应交税费	应交增值税(销项税额)	√				8	8	3	2	0	0
合 计					¥	6	4	0	3	2	0	0

附件 2 张

财会主管 沈 晗 记账 李 莎 出纳 王 萍 复核 张 利 制单 丁一凡 领款人签章

后附:增值税专用发票(记账联)一张;银行进账单(回单)一张。

付款凭证样张

付 款 凭 证

总 号	银付 31
分 号	

贷方科目 银行存款——工行

2019 年 1 月 2 日

摘 要	应 借 科 目		√	金 额										
	一 级 科 目	二级和明细科目		亿	千	百	十	万	千	百	十	元	角	分
支付短期借款的预提利息	应付利息	工行借款利息	√				5	8	0	1	2	5	0
合 计						¥	5	8	0	1	2	5	0

附件 1 张

财会主管 沈 晗 记账 李 莎 出纳 王 萍 复核 张 利 制单 丁一凡 领款人签章

后附:利息清单一张。

转账凭证样张

<h1>转 账 凭 证</h1>

2019 年 1 月 31 日

总号	转 35
分号	1/2

摘 要　结转本年利润						金　额	附
借　方　科　目			贷　方　科　目				
一级科目	二级或明细科目	√	一级科目	二级或明细科目	√	千百十万千百十元角分	件
本年利润		√	主营业务成本		√	3 2 7 4 9 8 0 0	
本年利润		√	销售费用		√	1 3 4 5 9 0 0	
本年利润		√	税金及附加		√	2 9 7 3 4 3 5	张
本年利润		√	其他业务成本		√	3 6 4 7 8 0 0	
				合　计			

财会主管　沈　晗　　　记账　李　莎　　　复核　张　利　　　制单　王　哲

无附件,该笔结账业务无原始凭证。

<h1>转 账 凭 证</h1>

2019 年 1 月 31 日

总号	转 35
分号	2/2

摘 要　结转本年利润						金　额	附
借　方　科　目			贷　方　科　目				
一级科目	二级或明细科目	√	一级科目	二级或明细科目	√	千百十万千百十元角分	件
本年利润		√	管理费用		√	7 9 4 6 0 0	
本年利润		√	财务费用		√	1 3 5 2 6 5	
本年利润		√	营业外支出		√	9 8 0 0 0	张
				合　计		￥4 1 7 4 4 8 0 0	

财会主管　沈　晗　　　记账　李　莎　　　复核　张　利　　　制单　王　哲

无附件,该笔结账业务无原始凭证。

4. 编制科目汇总表的要求

月末将收款凭证、付款凭证以不同科目，按借贷方汇总填入科目汇总表借方发生额栏和贷方发生额栏，并对汇总结果进行试算平衡，据以登记总分类账。

5. 登记账簿的要求

本实习涉及日记账、总分类账、明细分类账三种账簿。启用时，应在账簿封面上写明使用单位（即实习企业）名称和账簿名称，并在扉页正面的"账簿启用及接交表"内写明以下内容：启用日期、记账人员和复核人员姓名、会计主管姓名，并加盖有关人员的私章和使用单位公章（本实习略），在扉页的另一面写明该账簿所记账户目录。

（1）采用订本式的现金日记账和银行存款日记账，必须在启用时就编定页号；采用活页式的明细分类账和总分类账，应在登账前编制分页页号。编页时，不得跳页，不得缺号。

（2）每一种账簿第一页的页眉上应写明账簿名称和账户名称，第一行的摘要栏内应注明"上年结转"字样，将期初余额登入余额栏，标明余额方向。上年末结平的账户则可省去这行内容，直接登账。

（3）登账时，应将会计凭证上的日期、编号、业务摘要、金额等内容逐项登入同一行的相应栏，做到及时、准确、清晰，并在记账凭证上注明过账符号"√"，以免重复登账。一般情况下，应用蓝黑墨水或碳素墨水书写，不得用圆珠笔和铅笔书写，所写文字和数字应紧靠行格底线，不得充满整行，不得跳行、跳页。如果发生跳行或跳页，应当在空行或空页上，划对角红线注销，或注明"此行作废"、"此页作废"字样，并由记账人员签名或盖章。

若是出现下列情况之一，则可用红色墨水书写数字：

① 按照红字冲账的记账凭证登账，冲销错误记录；

② 在未同时设置借方栏和贷方栏的多栏式账页中登记减少数。

（4）若发现账簿有错，不得涂改、挖补、刮擦或用药水消除字迹，也不准重新抄写，应区别账簿错误的原因，分别用划线更正法、红字冲销法、补充登记法进行错账更正。在对错误的文字或数字划线更正时，必须保持原有字迹清晰可辨，划红线后，在其上方填写正确的文字或数字，并由记账人员在更正处盖章留印。

错账更正方法详见第七部分。

（5）每一账页登记完毕，应结出本页合计数及余额，写于本页最后一行和下页第一行有关栏内，并在摘要栏分别注明"转下页"和"承前页"的字样。其中本页最后一行的内容可以省略，用于登记经济业务，但下页第一行的内容不得省略。

所谓"本页合计数"是指本月初起至本页末止的累计发生额。

（6）平时，除现金日记账和银行存款日记账需要逐日结出余额以外，其他账户根据需要结出余额。凡余额栏前有余额方向栏的，必须用"借""贷"或"平"等字样注明余额方向；无余额方向栏的，用蓝数字或黑数字表示正常余额，用红字表示反常余额。余额为零时，余额栏内用"－０－"表示。

月末，必须结出每个账户的期末余额。

（7）有关账户登记举例。（转第 37 页）

（四）实习组织

本部分实习要求每个实习者完成所有实习工作，包括会计凭证的填制、会计凭证的审核、各种账簿的登记与会计报表的编制(根据教学要求是否涉及报表的编制决定)等。若有条件，也可将实习者组成一个或若干个实习小组，每组成员不少于 2 人，会计凭证的填制与审核、总分类账和明细分类账的登记等工作可以交叉进行。每位实习者最终提交的实习成果由组内各成员分工、配合，共同完成。

实习过程中应配备实习指导教师组织和指导实习，对学生提出的疑难问题给予解答和帮助，最后根据学生完成实习的质量评定实习成绩。

(上接第 35 页)

三栏式账页登记举例

明　细　分　类　账

分页 1 总页

会计科目 应收账款
明细科目 甲厂

2019年		凭证		摘要	对应科目	借方	贷方	借/贷	余额
月	日	种类	号数			百十亿千百十万千百十元角分	百十亿千百十万千百十元角分		百十亿千百十万千百十元角分
1	1			上年结转				借	2 3 4 0 0 0 0
1	6	转	4	销售产品甲 200 件,发票:03269011	主营业务收入	5 0 0 0 0 0			
					应交税费	8 0 0 0 0		借	2 9 2 0 0 0 0
1	7	银收	15	收回货款,发票:03268978	银行存款		1 1 7 0 0 0 0	借	1 7 5 0 0 0 0
1	11	转	12	销售产品乙 200 件,发票:03269022	主营业务收入	1 0 0 0 0 0 0			
					应交税费	1 6 0 0 0 0 0		借	2 9 1 0 0 0 0
						1 9 0 0 0 0 0	〔红字〕		
1	23	银收	36	收回货款,发票:03268995	银行存款		7 0 2 0 0 0	借	2 2 0 8 0 0 0
1	25	银收	42	收回货款,发票:03269004	银行存款		7 0 2 0 0 0	借	1 5 0 6 0 0 0
				转下页		1 7 4 0 0 0 0	2 5 7 4 0 0 0	借	1 5 0 6 0 0 0

明　细　分　类　账

分页 2 总页

会计科目 应收账款
明细科目 甲厂

2019年		凭证		摘要	对应科目	借方	贷方	借/贷	余额
月	日	种类	号数			百十亿千百十万千百十元角分	百十亿千百十万千百十元角分		百十亿千百十万千百十元角分
1	25	转	85	承前页		1 7 4 0 0 0 0	2 5 7 4 0 0 0	借	1 5 0 6 0 0 0
1	28	转	85	销售产品乙 120 件,发票:03269061	主营业务收入	6 0 0 0 0 0			
					应交税费	9 6 0 0 0		借	2 2 0 2 0 0 0

注:本册以负数表示红字金额,以粗黑线表示红线。

多栏式账页登记举例(1)

总页 _____　分页 1

明细科目: _____

生产车间: A 生产车间

甲产品

投产日期:2019 年1月1日
完工日期:2019 年1月31日
完成产量:30000 块　计划工时:1800 工时

生产成本明细账

2019年		凭证号数	摘要	借方发生额	原材料	工资薪酬	制造费用
月	日						
1	1	1	上年结转	720000 00	400000 00	320000 00	
1	4	转8	领料500千克,@32元/千克	160000 00	160000 00		
1	16	转58	领料400千克,@32元/千克	128000 00	128000 00		
1	30	转121	结算分配工资	200000 00		200000 00	
1	31	转126	按工时分配结转制造费用	180000 00			180000 00
1	31		本月合计	668000 00	288000 00	200000 00	180000 00
			生产费用累计	1388000 00	688000 00	520000 00	180000 00
		转127	结转本月完工产品成本	−904800 00	−412800 00	−312000 00	−180000 00
			月末余额	483200 00	275200 00	208000 00	0

多栏式账页登记举例(2)

| 总页 ___ | 分页 ___ | 1 |

明细科目: 甲产品
生产车间: A生产车间

投产日期:2019年1月1日
完工日期:2019年1月31日
完成产量:30000块　计划工时:1800工时

生 产 成 本 明 细 账

2019年 月	日	凭证号数	摘要	借方发生额	借方明细项目			贷方发生额	余额
					原材料	工资薪酬	制造费用		
1	1		上年结转						720000
1	4	转8	领料500千克，@32元/千克	160000	160000				880000
1	16	转58	领料400千克，@32元/千克	128000	128000				1008000
1	30	转121	结算分配工资	200000		200000			1208000
1	31	转126	按工时分配结转制造费用	180000			180000		1388000
1	31	转127	结转本月完工产品成本		-412800	-312000	-180000	904800	483200
1	31		本月发生额及月末余额	668000	275200	208000	0	904800	483200

横线登记式账页登记举例

材 料 采 购 明 细 账

材料类别：主要材料
材料名称：有机玻璃板

2019年 月	日	凭证号数	发票号数	供应单位	材料名称及规格	计量单位	发票数量	采购成本（借方）发票金额	运杂费		合计	入库成本（贷方）日期 月	日	收料单号数	实收数量	单价	总额
1	1	上年结转在途材料		新中有机玻璃厂	有机玻璃板	千克	200	5400 00	200 00		5600 00	1	3	00216	200	28.00	5600 00
				宝山物资供应站	有机玻璃板	千克	100	2800 00			2800 00	1	6	00218	100	28.00	2800 00
1	14	转5	00138411	光明有机玻璃厂	有机玻璃板	千克	500	13900 00	100 00		14000 00	1	7	00225	500	28.00	14000 00
1	29	转50	01748725	宝山物资供应站	有机玻璃板	千克	1000	28000 00			28000 00						

多栏式账页登记举例(3)

总页 .... 分页 1

管 理 费 用 明 细 账

一 级科目　管理费用

2019年 月	日	凭证号数	摘要	借方	贷方	借/贷	余额	（借）方分析 工资薪酬	折旧费	修理费	水电费	业务招待费	其他
1	3	银付10	支付厂办复印机修理费	560000		借	560000			560000			
1	12	银付57	支付厂部用电费	101300		借	157300				101300		
1	15	银付64	支付厂部用水费	42000		借	199300				42000		
1	22	转185	应付业务招待费	512000		借	711300					512000	
1	30	转215	结算分配工资	1015000		借	1726300	1015000					
		现付75	报销差旅费	142100		借	1868400	142100					
1	31	转218	计提厂部固定资产折旧费	350000		借	2218400		350000				
		转224	结转管理费用		2218400	平	0						
1	31		本月发生额及月末余额	2218400	2218400	平	0	1157100	350000	560000	143300	512000	

数量金额式账页登记举例

库 存 商 品 明 细 账

存放地点 成品仓库　　　　　　编号、名称　BX-2 不锈钢标牌
计量单位 块　　　　　　　　　分页　1　总页

2019年		凭证		摘要	收入			发出			结存		
月	日	种类	号数		数量	单价	金额	数量	单价	金额	数量	单价	金额
1	1			上年结转							1000	20.00	20000 00
1	4	出库单	01347	销售领用、出库单0104				400	20.00	8000 00	600	20.00	12000 00
1	15	入库单	14179	完工入库、入库单08111	1600	20.00	32000 00				2200	20.00	44000 00
1	20	出库单	01348	销售领用、出库单0105				1000	20.00	20000 00	1200	20.00	24000 00
1	28	出库单	01349	销售领用、出库单0106				1000	20.00	20000 00	200	20.00	4000 00
1	31	入库单	14180	完工入库、入库单08112	1500	20.00	30000 00				1700	20.00	34000 00
1	31			本月发生额及月末余额	3100	20.00	62000 00	2400	20.00	48000 00	1700	20.00	34000 00

四、建 账 资 料

（一）账页格式及 2019 年 1 月初账户余额

科目编号	总账科目	子 目	余 额		账页格式	
1001	库存现金		925.63		三栏式	日记账
1002	银行存款		253 788.95		三栏式	日记账
1122	应收账款		326 470.00		三栏式	
		广源电子仪器厂		181 250.00	三栏式	
		恒信整流器厂		145 220.00	（略）	
1221	其他应收款		8 600.00		三栏式	
		销售科姚捷		8 600.00	（略）	
1401	在途物资（或材料采购）(注)		0		三栏式	横线登记式
1403	原材料		75 860.00		三栏式	
		YJ		29 400.00	数量金额式	
		BX		31 360.00	数量金额式	
		油漆		15 100.00	（略）	
5001	生产成本		6 810.00		三栏式	
		YJ－1		6 810.00	多栏式	
		BX－2		0	多栏式	
5101	制造费用		0		三栏式	多栏式
1405	库存商品		81 360.00		三栏式	
		YJ－1		20 160.00	（略）	
		BX－2		61 200.00	（略）	
1601	固定资产		582 767.00		三栏式	
1602	累计折旧		（贷）83 238.00		三栏式	
2001	短期借款		400 000.00		三栏式	
2202	应付账款		107 114.89		三栏式	
		新中有机玻璃厂		66 873.52	（略）	
		宝山物资供应站		40 241.37	（略）	
2211	应付职工薪酬		0		三栏式	
2221	应交税费		16 256.62		三栏式	
		应交所得税		17 820.00	三栏式	

注：为便于会计学原理的学习，本书对"在途物资"账户与"材料采购"账户的用途不作区分。

科目编号	总账科目	子 目	余 额	账页格式
		应交增值税	（借）1 563.38	多栏式
2231	应付利息		0	三栏式
4001	实收资本		500 000.00	三栏式
4002	资本公积		18 000.00	三栏式
4101	盈余公积		81 046.00	三栏式
4103	本年利润		0	三栏式
4104	利润分配		130 926.07	三栏式
		未分配利润	130 926.07	（略）

（二）"原材料"明细账户 2019 年 1 月初余额

项 目 类别及名称		数 量	单 价	金 额
主要材料	有机玻璃板（YJ）	1 050 千克	28.00	29 400.00
	不锈钢板（BX）	980 千克	32.00	31 360.00
辅助材料	油漆	—	—	15 100.00
合　　　计				75 860.00

（三）"生产成本"明细账户 2019 年 1 月初余额

项 目 产品名称及编号	直接材料	直接人工	制造费用	合　　计
有机玻璃标牌 YJ－1	4 767.00	2 043.00	0	6 810.00
不锈钢标牌 BX－2	0	0	0	0

（四）"库存商品"明细账户 2019 年 1 月初余额

项 目 产品名称及编号	数 量	单 价	金 额
有机玻璃标牌 YJ－1	18 000	1.12	20 160.00
不锈钢标牌 BX－2	3 400	18.00	61 200.00
合　　　计			81 360.00

（五）"制造费用"明细项目

项 目	工资薪酬	折旧费	水电费	其 他

（六）"管理费用"明细项目

项 目	工资薪酬	折旧费	修理费	水电费	业务招待费	其 他

注：本册实习中除"管理费用"要求开设多栏式明细账以外，其余损益类各账户只要求开设总分类账户。

五、2019 年 1 月份发生的经济业务

（共计 34 笔）

（1）3 日，签发支票一张，向工商银行提取现金 800 元备用。

要求：签发支票，号码 AH109414。

（2）3 日，产品生产领用材料：

用　途	材料名称	领用数量	单位成本	领料人
产品 YJ-1 生产耗用	有机玻璃板	200 千克	28 元/千克	高小飞
产品 BX-2 生产耗用	不锈钢板	500 千克	32 元/千克	彭 芝

要求：填制领料单一张（有机玻璃板）、限额领料单一张（不锈钢板，编号 01108），并据以登
记原材料和生产成本明细账；
结转有机玻璃板领用成本。

（3）4 日，向上海市宝山物资供应站购买材料，收到的增值税专用发票上列明：

材料名称	数　量	单　价	价　款	税　额
有机玻璃板	1 000 千克	28 元/千克	28 000 元	4 480 元

货已验收入库，货款尚未支付。

要求：填制收料单，并据以登记材料采购和原材料明细账；
结转原材料入库成本。

（4）4 日，向广源电子仪器厂销售产成品，开出增值税专用发票（号码 00177777），货已发
出，货款尚未收到。

产品名称	销售数量	单　价	价　款	税　额	单位成本
YJ-1	7 000 块	2.80 元/块	19 600 元	3 136.00 元	1.12 元/块
BX-2	500 块	26.50 元/块	13 250 元	2 120.50 元	18.00 元/块

要求：填制增值税专用发票（购货方地址：宋园路 99 号；电话：63784439；税务登记号：
310009237654164；开户银行及账号：农行 301-0039817）；
填制产品出库单，并据以登记库存商品明细账（登账略），售出库存商品成本于月末
汇总后结转。

（5）6 日，签发支票一张，金额为 16 400 元，向长江计算机公司购入计算机一台及配套设备。

要求：签发支票，号码 AH109415。

（6）7 日，签发支票一张，向光明不锈钢厂购买材料，收到的增值税专用发票上列明：

材料名称	数　量	单　价	价　款	税　额
不锈钢板	1 200 千克	32 元/千克	38 400 元	6 144 元

货已验收入库。

要求：签发支票，号码 AH109416；

填制收料单，并据以登记材料采购和原材料明细账；

结转原材料入库成本。

(7) 7 日，通过工商银行交纳上月应交未交所得税 17 820 元，当即收到所得税缴款书收据联。

(8) 10 日，向恒信整流器厂销售产成品，开出增值税专用发票（号码 00177778），货已发出，当即收到对方签发的支票一张，金额为 46 632 元。

产品名称	销售数量	单 价	价 款	税 额	单位成本
YJ－1	3 000 块	2.80 元/块	8 400 元	1 344 元	1.12 元/块
BX－2	1 088 块	26.50 元/块	31 800 元	5 088 元	18.00 元/块

要求：填制增值税专用发票（购货方地址：上海市常德路 105 号；电话：56749937；税务登记号：310113589073204；开户行及账号：中行徐汇支行 410－83540046）；

填制产品出库单，并据以登记库存商品明细账（登账略），售出库存商品成本于月末汇总后结转；

填制进账单，将银行支票送存工商银行。

(9) 10 日，厂部管理人员张明赴杭州出差洽谈业务，预借差旅费 500 元，出纳以现金付讫。

要求：填制暂支单。

(10) 11 日，收到广源电子仪器厂交来银行支票一张，结算前欠货款，金额为 150 000 元。

要求：填制进账单，将银行支票送存工商银行。

(11) 11 日，产品生产领用材料：

用 途	材料名称	领用数量	单位成本	领料人
产品 YJ－1 生产耗用	有机玻璃板	200 千克	28 元/千克	高小飞
产品 BX－2 生产耗用	不锈钢板	500 千克	32 元/千克	彭 芝

要求：填制领料单一张（有机玻璃板）、限额领料单一张（不锈钢板，编号 01108），并据以登记原材料和生产成本明细账；

结转有机玻璃板领用成本。

(12) 12 日，签发支票一张，支付广告费 7 875 元，收到创意广告公司开出发票。

要求：签发支票，号码 AH109417。

(13) 14 日，张明报销差旅费 518 元，出纳以现金 18 元补付预支款不足之差额。

(14) 14 日，签发支票一张，向工商银行提取现金 31 432 元。根据"工资发放单"以现金发放工资。

要求：签发支票，号码 AH109418。

(15) 17 日，产品生产领用材料：

用 途	材料名称	领用数量	单位成本	领料人
产品 YJ－1 生产耗用	有机玻璃板	150 千克	28 元/千克	高小飞
产品 BX－2 生产耗用	不锈钢板	400 千克	32 元/千克	彭 芝

要求：填制领料单一张（有机玻璃板）、限额领料单一张（不锈钢板，编号 01108），并据以登记原材料和生产成本明细账；

结转有机玻璃板领用成本。

(16) 18 日，领用油漆一批，具体资料如下：

用　途	领用数量	单位成本	领料人
产品 YJ−1 生产耗用	25 罐	68 元/罐	高小飞
产品 BX−2 生产耗用	5 罐	68 元/罐	彭　芝
车间一般耗用	3 罐	68 元/罐	孔　逸
行政管理部门耗用	7 罐	68 元/罐	张　明

要求：分别按用途填制领料单（四张），并据以登记原材料和生产成本、制造费用和管理费用明细账；

结转原材料领用成本。

（17）19 日，向恒信整流器厂销售产品，开出增值税专用发票（号码 00177779），货已发出，当即收到对方签发的支票一张，金额为 31 088 元。

产品名称	销售数量	单　价	价　款	税　额	单位成本
YJ−1	2 000 块	2.80 元/块	5 600 元	896 元	1.12 元/块
BX−2	800 块	26.50 元/块	21 200 元	3 392 元	18.00 元/块

要求：填制增值税专用发票；

填制产品出库单，并据以登记库存商品明细账（登账略），售出库存商品成本于月末汇总后结转；

填制进账单，将银行支票送存工商银行。

（18）21 日，计提本月应负担的尚未到期的短期借款利息 1 000 元。

（19）21 日，收到工商银行转来供电局专用托收凭证及增值税专用发票，付讫电费 2 069.44 元，当即按下列固定比例进行分配：

生产车间	75%
行政管理部门	25%

要求：编制电费分配计算表。

（20）24 日，向上海市宝山物资供应站购买材料，收到的增值税专用发票上列明：

材料名称	数　量	单　价	价　款	税　额
有机玻璃板	1 200 千克	27.90 元/千克	33 480 元	5 356.80 元
不锈钢板	1 000 千克	31.90 元/千克	31 900 元	5 104.00 元

货已验收入库，货款尚未支付。

出纳以现金支付上海黄浦运输公司上述两种材料的运费 220 元。

要求：按材料重量分配运输费，并填制运费计算分配表；

填制收料单，并据以登记材料采购和原材料明细账；

结转原材料入库成本。

（21）25 日，收到常来饭店发票一张，要求结算本月招待客户就餐费 762 元，款项直接以现金支付。

要求：填制付款凭单。

（22）25 日，产品生产领用材料：

用　途	材料名称	领用数量	单位成本	领料人
产品 YJ−1 生产耗用	有机玻璃板	125 千克	28 元/千克	高小飞
产品 BX−2 生产耗用	不锈钢板	350 千克	32 元/千克	彭　芝

要求：填制领料单一张（有机玻璃板）、限额领料单一张（不锈钢板，编号 01108），并据以登记原材料和生产成本明细账；

结转有机玻璃板领用成本；

填制完成限额领料单(编号01108)上有关内容,根据本月全月实用数结转不锈钢板领用成本。

(23) 27日,签发支票一张,向金辉物业管理公司支付生产车间厂房修理费1 100元。

要求:签发支票,号码AH109419。

(24) 27日,填制还款凭证,归还短期借款100 000元。该项借款于上年12月27日向工商银行借入,今日到期,到期利息341元于同日结清。

要求:填制贷款还款凭证(放款户即银行用于贷款核算的专用账户,账号:252—6001794321)。

(25) 28日,向广源电子仪器厂销售产成品,开出增值税专用发票(号码00177780),货已发出,货款尚未收到。

产品名称	销售数量	单 价	价 款	税 额	单位成本
YJ—1	6 000块	2.80元/块	16 800元	2 688元	1.12元/块
BX—2	900块	26.50元/块	23 850元	3 816元	18.00元/块

要求:填制增值税专用发票;

填制产品出库单,并据以登记库存商品明细账(登账略),售出库存商品成本于月末汇总后结转。

(26) 31日,根据"固定资产折旧汇总表"计提本月折旧费3 428元。

要求:根据"固定资产分类折旧计算表"填制"固定资产折旧汇总表"。

(27) 31日,分配本月应付职工工资。本月工资总额为31 432元,其中生产工人工资17 712元,按生产工时在产品之间进行分配;车间管理人员工资4 520元;行政管理人员工资9 200元。产品生产工时有关资料如下:

产品名称	生产工时
YJ—1	1 000
BX—2	2 000

要求:填制"应付职工薪酬分配表"。

(28) 31日,按产品生产工时分配结转生产车间的制造费用。

要求:编制"生产车间制造费用分配表",据以分配本月制造费用。

(29) 31日,本月完工产品情况如下:

产品名称	完工数量	完工成本	在产品成本
YJ—1	0	0	36 014
BX—2	4 086	73 548	0

要求:登记生产成本明细账并结账;

填制产品入库单,并据以登记库存商品明细账(登账略);

结转库存商品入库成本。

(30) 31日,结转本月产品销售成本。

要求:根据产品出库单填制库存商品发出汇总表。

(31) 31日,根据收付款记账凭证编制科目汇总表。

(32) 31日,将损益类各账户余额结转至"本年利润"账户。

(33) 31日,根据本月利润总额,按25%的所得税税率结算并结转应交所得税。

(34) 31日,根据账簿记录及有关资料编制本月资产负债表、利润表和现金流量表。

六、记录及证明经济业务发生的原始凭证

（按经济业务发生顺序排列）

经济业务（1）

中国工商银行上海市分行

支票号码：AH109414

附加信息＿＿＿＿＿＿＿＿＿

出票日期：　年　月　日

收　款　人：..................

金　　　额：..................

用　　　途：..................

中国工商银行**上海市分行支票**　支票号码：AH109414

出票日期（大写）：　　年　月　日　　付款行名称：

收款人：　　　　　　　　　　　出票人账号：

人民币 （大写）		千	百	十	万	千	百	十	元	角	分

用途＿＿＿＿＿＿＿

上列款项请从

我账户内支付

签发人签章

复核

记账

验印

经济业务（2）

领　料　单　　　No.006104

领用部门：

用　途：　　　　　　年　月　日　　　　材料仓库

材 料 类 别	材 料 名 称	计量单位	数 量		金 额	
			请 领	实 领	单位成本	总 成 本
备 注					合 计	

②记账联

仓库保管员：×××　　　　　　　领料部门主管：×××　　　　　　　领料人：

限 额 领 料 单　　　No.01108

领用部门：生产车间
用　　途：生产BX-2产品　　　　　年　月　　　　　　　材料仓库

材料类别	材料名称	计量单位	单　价	全月领用限额(千克)	全 月 实 用	
					数　量	金　额
主要材料	不锈钢板	千克	32元/千克	1 766.40		

供应部门负责人：×××　　　　　　　　　　　　　　生产计划部门负责人：×××

日期	请　领		实　发			退　库		限额结余(千克)
	数　量	领料单位负责人	数　量	发料人	领料人	数　量	退库单编号	
		×××		×××				
		×××		×××				
		×××		×××				
		×××		×××				
合计		—		—		—		—

仓库负责人：×××

经济业务（3）

3100102130

上海增值税专用发票　　　No.00358117

开票日期：2019年1月4日

购买方	名　　　　称：上海飞跃标牌厂 纳税人识别号：310108001293875 地址、电话：上海市园丁路886号；65016868 开户行及账号：工行长宁支行红霞分理处　252-66013172	密码区	3654 9 * 3/5<>　　版本：01 －D26＋<>－9 076＋－4×689　　3100102130 476 * 4 * <776　　00358117

货物或应税劳务、服务名称	规格型号	单位	数量	单价	金　额	税率	税　额
有机玻璃板	BLB26	千克	1 000	28.00	¥28 000.00	16％	¥4 480.00
合　　计					¥28 000.00		¥4 480.00

价税合计（大写）	零拾叁万贰仟肆佰捌拾零元零角零分	（小写）¥32 480.00

销售方	名　　　　称：上海市宝山物资供应站 纳税人识别号：310108010327648 地址、电话：三门路178号；63745688 开户行及账号：工行宝山支行 217-47124263	备注	上海市宝山物资供应站 310108010327648 发票专用章

收款人：李　明　　　　复核：王　力　　　　开票人：张小芳　　　　销售方：（章）

第三联：发票联　购买方记账凭证

收　料　单

No.00371

供货单位：

发票号码：　　　　　　　　年　月　日　　　　　　　材料仓库

材 料 类 别	材 料 名 称	计量单位	数　　量		金　　额		
			应　收	实　收	单 位 成 本	总 成 本	② 记账联
备　注					合　　计		

验收：×××　　　　　　　　仓库保管员：×××　　　　　　制单：×××

经济业务（4）

上海增值税专用发票

此联不作报销、扣税凭证使用

No. 00177777

3100102130

开票日期：

购买方	名　　　称： 纳税人识别号： 地　址、电　话： 开户行及账号：				密码区		（略）		
货物或应税劳务、服务名称	规格型号	单　位	数　量	单　价	金　额	税率	税　额		第一联：记账联　销售方记账凭证
合　　计									
价税合计（大写）				（小写）					
销售方	名　　　称： 纳税人识别号： 地　址、电　话： 开户行及账号：				备注				

收款人：　　　　　复核：　　　　　　　开票人：　　　　　　销售方：（章）

产 品 出 库 单

No.10127

接受单位：

用　　途：　　　　　　　　年　　月　　日　　　　　　　成品仓库

产品名称或编号	计量单位	数　量	金　　额	
			单位成本	总　成　本
备　注			合　　计	

②记账联

仓库管理员：×××　　　　　接受单位经手人：×××　　　　　制单：×××

经济业务（5）

3100153749

上海增值税普通发票

No. 00335238

发票联

开票日期：2019 年 1 月 6 日

购买方	名　　称：上海飞跃标牌厂 纳税人识别号：310108001293875 地址、电话：上海市园丁路 886 号　65016868 开户行及账号：工行长宁支行红霞分理处　252-66013172	密码区	＜1563＋14－17－28＊－＜　　版本：01 7320－13 ＞13/637925＊/　　3100153749 477＊－＜＞077/3/25－＋5　00335238 ＞2/＊522＊2－2＞152231＞

货物或应税劳务、服务名称	规格型号	单　位	数量	单价	金　　额	税率	税　额
NEC 台式电脑	6163	台	1	8 931.62	¥8 931.62	16%	¥1 429.06
爱普生打印机	5182	台	1	3 753.31	¥3 753.31	16%	¥600.53
惠普扫描仪	3317	台	1	1 453.00	¥1 453.00	16%	¥232.48
合　　计					¥14 137.93		¥2 262.07

价税合计（大写）	零拾壹万陆仟肆佰零拾零元零角零分　　　　　（小写）¥16 400.00

销售方	名　　称：上海长江计算机公司 纳税人识别号：310578033546104 地址、电话：上海市威海路 188 号九楼 开户行及账号：工行卢湾支行　252-54071328	备注	上海长江计算机公司 310578033546104 发票专用章

第三联：发票联　购买方记账凭证

收款人：钱明　　　　复核：　　　　　开票人：梁永辉　　　　销售方：（章）

新编簿记模拟实习　57

固定资产验收单

2019 年 1 月 6 日

No. 00041

名 称	规格型号	来 源	数 量	购(造)价	使用年限	预计残值
NEC 台式电脑	P—MLX	外购	一套	16 400.00	5 年	4%

安装费	月折旧率	建造单位	交付使用日期	附件:
—	1.6%	上海长江计算机公司	2019 年 1 月 6 日	爱普生打印机一台 惠普扫描仪一台

验收 部门	设备科	验收 人员	欧阳宏	管理 部门	设备科	管理 人员	解 俊

主要 规格	Intel Pentium-Ⅲ 450 硬盘：6.4GB 内存：64MB	CD—ROM：32X 声卡：PCI 16bitlon board 显示器：NEC PMDIS"：V500

（图）中国工商银行上海市分行

支票号码：AH109415

附加信息

出票日期：　　年　　月　　日

收 款 人：⋯⋯⋯⋯⋯⋯

金　　额：⋯⋯⋯⋯⋯⋯

用　　途：⋯⋯⋯⋯⋯⋯

（图）中国工商银行上海市分行支票　支票号码：AH109415

出票日期(大写)：　　年　　月　　日　　　付款行名称：

收款人：　　　　　　　　　　　　　　出票人账号：

人民币 （大写）	千	百	十	万	千	百	十	元	角	分

用途

上列款项请从

我账户内支付

出票人签章

复核

记账

验印

经济业务（6）

3100102130

上海增值税专用发票

No. 00187054

开票日期：2019 年 1 月 7 日

购买方	名　　　　称：上海飞跃标牌厂 纳税人识别号：310108001293875 地　址、电话：上海市园丁路 886 号；65016868 开户行及账号：工行长宁支行红霞分理处　252-66013172	密码区	*988－＋6×2＞　　版本:01 7596×－＋76＋1 ×24DB27－×11　3100102130 6A＊37914×2/3　00187054

货物或应税劳务、服务名称	规格型号	单 位	数 量	单 价	金 额	税率	税 额
不锈钢板	B×G15	千克	1 200	32.00	￥38 400.00	16％	￥6 144.00
合　　计					￥38 400.00		￥6 144.00

价税合计（大写）	零拾肆万肆仟伍佰肆拾肆元零角零分	（小写）￥44 544.00

销售方	名　　　　称：上海光明不锈钢厂 纳税人识别号：310225511415054 地　址、电话：上海市长寿路 1111 号；58110018 开户行及账号：工行静安支行　267-03012345	备注	上海光明不锈钢厂 310225511415054 发票专用章

收款人：赵　娜　　　复核：白　冰　　　开票人：左　铃　　　销售方：（章）

第三联：发票联　购买方记账凭证

中国工商银行上海市分行

支票号码：AH109416

附加信息 _____

_____

_____

出票日期　年　月　日

收　款　人：............

金　　额：............

用　　途：............

中国工商银行**上海市分行支票** 支票号码：AH109416

出票日期(大写)：　　年　月　日　　付款行名称：_____

收款人：　　　　　　　　　　　出票人账号：_____

人民币 （大写）	千	百	十	万	千	百	十	元	角	分

用途_____

上列款项请从

我账户内支付

出票人签章

复核

记账

验印

收　料　单

No.00372

供货单位：

发票号码：　　　　　　年　　月　　日　　　　　材料仓库

材料类别	材料名称	计量单位	数　量		金　额		②记账联
			应收	实收	单位成本	总成本	
备注					合　计		

验收：××× 　　　　　　仓库保管员：××× 　　　　　　制单：×××

经济业务（7）

中华人民共和国
所得税缴款书

区级 　　　沪税电字:4896888

税票号：0500087630　　所属时期：2018.12.01—2018.12.31　　级次　　　企业编码:410208121

纳税单位（人）	上海飞跃标牌厂			主管部门		
地　　址	上海市园丁路886号			经济类型	有限责任公司	
开户银行	工行长宁支行红霞分理处	账号	252—66013172			
行业及品目名称		课税数量	计税金额或销售额	税率（%）单位税额	已缴或扣除额	实缴税额（基金）
工业制品生产经营所得及其他所得			71 280.00	25		17 820.00
合计金额人民币（大写）壹万柒仟捌佰贰拾元零角零分						17 820.00
逾期　天,每天按税款　千分之二　加收滞纳金						
总计金额人民币（大写）壹万柒仟捌佰贰拾元零角零分						17 820.00

完税证（发货票）　　　　份,起讫号码：

| 收　入　机　关 | 所 税种标识 | 缴款单位如以此联代传票,分录如下 | 收　款　银　行 |
| 第六税务分局三所 03 经办人:金佳佳 专:杨坤龙 填票日期:2019年1月7日 | | | 中国工商银行上海市分行长宁支行红霞分理处业务章 2019.1.7 年　月　日 缴款限期:2019年1月10日 |

第五联　收据联（国库或经收处收款盖章后退纳税人）

经济业务(8)

中国银行上海市分行支票

支票号码:AD108713

出票日期(大写):贰零壹玖年零壹月零壹拾日　　　付款行名称:中行徐汇支行
收款人:上海飞跃标牌厂　　　　　　　　　　　　　出票人账号:410-83540046

		千	百	十	万	千	百	十	元	角	分
人民币 (大写) 肆万陆仟陆佰叁拾贰元整				¥	4	6	6	3	2	0	0

用途　购货款
上列款项请从
我账户内支付
出票人签章

用财流恒
务器信
章专厂整

光赵
印志

复核
记账
验印

ICBC ⑤ 中国工商银行　　　　进账单(贷方凭证) 1

年　月　日　　　　　　　No. 04865669

出票人	全　称		付款人	全　称												
	账　号			账　号												
	开户银行			开户银行												
金额	人民币 (大写)				亿	千	百	十	万	千	百	十	元	角	分	
票据种类		票据张数														
票据号码																
备注:																

复核:　　　　　记账:

此联由收款人开户银行作贷方凭证

3100102130

上海增值税专用发票

此联不作报销、扣税凭证使用

No. 00177778

开票日期：

购买方	名　　　称： 纳税人识别号： 地址、电话： 开户行及账号：						密码区	（略）	
货物或应税劳务、服务名称	规格型号	单　位	数　量	单　价	金　额		税率	税　额	
合　计									
价税合计(大写)					（小写）				
销售方	名　　　称： 纳税人识别号： 地址、电话： 开户行及账号：						备注		

收款人：　　　　　复核：　　　　　开票人：　　　　　销售方：(章)

产品出库单

No. 10128

接受单位：

用　途：　　　　　　　年　月　日　　　　　成品仓库

产品名称或编号	计量单位	数　量	金　额	
			单位成本	总成本
备　注			合　计	

②记账联

仓库管理员：×××　　　　接受单位经手人：×××　　　　制单：×××

经济业务(9)

上海飞跃标牌厂暂支单

No.0148

年　月　日

受　款　人	
暂支事由	
暂支金额	人民币(大写)　　　　　　　　　　　　　　　¥
预计归还日期	年　　月　　日　｜科目　｜

财会主管×××　　记账×××　　出纳×××　　部门主管×××　　制单×××　　受款人签收

经济业务(10)

中国农业银行上海市分行支票

支票号码:AB870398

出票日期(大写):贰零壹玖年零壹月壹拾壹日　　　　付款行名称:农行静安支行

收款人:上海飞跃标牌厂　　　　　　　　　　　　出票人账号:331－671354210

人民币 (大写)壹拾伍万元整	千	百	十	万	千	百	十	元	角	分
			¥	1	5	0	0	0	0	0	0

用途　偿还货款

上列款项请从

我账户内支付

出票人签章

用 章	财 务 专	子 仪 器 厂	广 源 电

诗马
印金

复核

记账

验印

进账单(贷方凭证) **1**

No. 04865670

年　月　日

出票人	全称		付款人	全称	
	账号			账号	
	开户银行			开户银行	

金额	人民币 （大写）		亿	千	百	十	万	千	百	十	元	角	分

票据种类		票据张数	
票据号码			

备注：

复核：　　　　　记账：

684　上海恒晨印刷厂 印制

此联由收款人开户银行作贷方凭证

经济业务(11)

领　料　单

No. 006105

领用部门：

用　途：　　　　　　　年　月　日　　　　　　材料仓库

材　料　类　别	材　料　名　称	计量单位	数　　量		金　　额	
			请　领	实　领	单位成本	总　成　本
备　注					合　计	

仓库保管员：×××　　　　　领料部门主管：×××　　　　　领料人：

② 记账联

经济业务（12）

3100161101

No. 18239022

开票日期：2019 年 1 月 13 日

购买方	名　　　称：上海飞跃标牌厂 纳税人识别号：310108001293875 地址、电话：上海市园丁路 886 号；65016868 开户行及账号：工行长宁支行红霞分理处 　　　　　252-66013172	密码区	6>520/ * >1438 * 291 * 1371-0<　版本：01 8/-<<4911+78>1/640>2+4 *　3100161101 ->0>1 * 2491‰-8//34+/62-3　18239022 -987/2-53050127-114 * 60 * 20+

货物或应税劳务、服务名称	规格型号	单位	数量	单　价	金　额	税率	税　额
横式广告	RT-207		1	7 429.25	￥7 429.25	6％	￥445.75
合　　计					￥7 429.25		￥445.75

价税合计（大写）	零拾零万柒仟捌佰柒拾伍元零角零分	（小写）￥7 875.00

销售方	名　　　称：上海创意广告公司 纳税人识别号：310044101432378 地　址、电话：上海市甜爱路 109 号二楼 开户行及账号：农行徐汇营业部　4348-11043761149	备注	上海创意广告公司 310044101432378 发票专用章

收款人：　　　　　复核：　　　　　开票人：任一贤　　　　　销售方：（章）

第三联：发票联　购买方记账凭证

中国工商银行上海市分行

支票号码：AH109417

附加信息 _____

_____

_____

出票日期：　　年　　月　　日

收 款 人：...................

金　　额：...................

用　　途：...................

中国工商银行上海市分行支票　支票号码：AH109417

出票日期(大写)：　　年　　月　　日　　付款行名称：

收款人：　　　　　　　　　　　　　出票人账号：

人民币 （大写）		千	百	十	万	千	百	十	元	角	分

用途 _____

上列款项请从

我账户内支付

出票人签章

复核

记账

验印

经济业务（13）

上海飞跃标牌厂
外埠出差报销单

2019年1月14日　　附件 8 张

出差人姓名	张明				工作部门	财务科				预借金额	500.00
出差事由	洽谈业务				出差日期	1月10日到 1月13日				返回金额	一
出差地点	杭州				出差天数	4天				应补金额	18.00

起程 日	时	分	地点	到达 日	时	分	地点	交通工具	车船费 金额	在途伙食津贴 人/天	金额	通宵乘车补贴 票价	%	补贴	住勤伙食补贴 人/天	每天标准补助	金额	住宿费	市内交通费	其他费用 项目	金额
1	10	17	17	上海	1	10	19	43	杭州	火车	32.00							1/4	20.00	80.00	246.00	128.00		
1	13	18	20	杭州	1	13	20	56	上海	火车	32.00			现金付讫									
合计 各项费用小计											64.00							80.00	246.00	128.00		

合计金额　（小写）¥518.00元　（人民币大写）伍佰壹拾捌元整

报销人：张　明　　审核：×××　　出纳：×××

経済业务(14)

工 资 发 放 单

发放日期：2019年1月14日　　　　2018年12月份　　　　

职务	姓　名	基本工资	岗位工资	奖　金	应付职工薪酬	应 扣 金 额			实发工资 万千百十元角分							领款人签名或盖章	
	1　成　功	3 000	1 200	1 000	5 200.00				5	2	0	0	0	0		1	2
	2　刘　军	2 400	800	800	4 000.00				4	0	0	0	0	0		成功	刘军
	3　张　明	1 700	500	420	2 620.00				2	6	2	0	0	0		3	4
	4　吴　丹	1 200	300	400	1 900.00				1	9	0	0	0	0		张明	吴丹
	5　李启凡	1 000	300	400	1 700.00				1	7	0	0	0	0		5	6
	6　高小飞	1 000	300	400	1 700.00				1	7	0	0	0	0		李启凡	高小飞
	7　董　昆	1 000	300	400	1 700.00				1	7	0	0	0	0		7	8
	8　欧阳宏	1 000	300	400	1 700.00				1	7	0	0	0	0		董昆	欧阳宏
	9　姚　捷	1 000	300	400	1 700.00				1	7	0	0	0	0		9	10
	10　柳　青	1 000	300	400	1 700.00				1	7	0	0	0	0		姚捷	柳青
	11　彭　芝	1 000	300	208	1 508.00				1	5	0	8	0	0		11	12
	12　周冰冰	1 000	300	204	1 504.00				1	5	0	4	0	0		彭芝	周冰冰
	13　殷　歌	1 000	300	200	1 500.00				1	5	0	0	0	0		13	14
	14　夏小雨	1 000	300	200	1 500.00				1	5	0	0	0	0		殷歌	夏小雨
	15　解　俊	1 000	300	200	1 500.00				1	5	0	0	0	0		15	16
			以下空白													解俊	
															17	18	
																19	20
20																	
21																21	22
22																	
23																23	24
24																	
25																25	26
26																	
27																27	28
28																	
29																29	30
30																	
	合　　计	19 300.00	6 100.00	6 032.00	31 432.00			¥	3	1	4	3	2	0	0		

财务主管：×××　　复核：×××　　出纳：×××　　部门主管：×××　　制表：×××

中国工商银行上海市分行

支票号码：AH109418

附加信息 _____

_____

_____

出票日期： 年 月 日

收款人： ....

金　额： ....

用　途： ....

中国工商银行上海市分行支票 支票号码：AH109418

出票日期(大写)： 年 月 日　　　付款行名称：

收款人：　　　　　　　　　　　出票人账号：

人民币 (大写)	千	百	十	万	千	百	十	元	角	分

用途 _____

上列款项请从

我账户内支付

出票人签章

复核

记账

验印

经济业务(15)

领　料　单

No. 006106

领用部门：

用　途：　　　　　　　　　　年　月　日　　　　　　　材料仓库

材　料　类　别	材　料　名　称	计量单位	数　　量		价　　格		② 记 账 联
			请　领	实　领	单位成本	总　成　本	
备　注					合　计		

仓库保管员：×××　　　　　　　领料部门主管：×××　　　　　　　领料人：

经济业务(16)

领　料　单

No. 006107

领用部门：

用　途：　　　　　　　　　　年　月　日　　　　　　　材料仓库

材　料　类　别	材　料　名　称	计量单位	数　　量		金　　额		② 记 账 联
			请　领	实　领	单位成本	总　成　本	
备　注					合　计		

仓库保管员：×××　　　　　　　领料部门主管：×××　　　　　　　领料人：

领　料　单

No.006108

领用部门：
用　途：　　　　　　　　　　　年　　月　　日　　　　　　　　材料仓库

材　料　类　别	材　料　名　称	计量单位	数　量		金　额	
			请　领	实　领	单位成本	总成本
备　注					合　计	

仓库保管员：×××　　　　　　　领料部门主管：×××　　　　　　　领料人：

②记账联

领　料　单

No.006109

领用部门：
用　途：　　　　　　　　　　　年　　月　　日　　　　　　　　材料仓库

材　料　类　别	材　料　名　称	计量单位	数　量		金　额	
			请　领	实　领	单位成本	总成本
备　注					合　计	

仓库保管员：×××　　　　　　　领料部门主管：×××　　　　　　　领料人：

②记账联

领　料　单

No.006110

领用部门：
用　途：　　　　　　　　　　　年　　月　　日　　　　　　　　材料仓库

材　料　类　别	材　料　名　称	计量单位	数　量		价　格	
			请　领	实　领	单位成本	总成本
备　注					合　计	

仓库保管员：×××　　　　　　　领料部门主管：×××　　　　　　　领料人：

②记账联

中国银行上海市分行支票

支票号码:AD108725

出票日期(大写):贰零壹玖年零壹月零贰拾日　　　　付款行名称:中行徐汇支行

收款人:上海飞跃标牌厂　　　　　　　　　　　　　出票人账号:410－83540046

	千	百	十	万	千	百	十	元	角	分
人民币(大写) 叁万壹仟零捌拾捌元整			¥	3	1	0	8	8	0	0

用途　购货款

上列款项请从

我账户内支付

出票人签章

用财流恒
务器信
章专厂整

光赵
印志

复核
记账
验印

ICBC ⑤ 中国工商银行　　　　**进账单**(贷方凭证) **1**

年　月　日　　　　　　　　　No. 04865671

出票人	全　称		收款人	全　称											
	账　号			账　号											
	开户银行			开户银行											
金额	人民币(大写)				亿	千	百	十	万	千	百	十	元	角	分
票据种类		票据张数													
票据号码															
备注:															

复核:　　　　　　记账:

684　上海信展印刷厂印制

此联由收款人开户银行作贷方凭证

3100102130

上海增值税专用发票

此联不作报销、扣税凭证使用

No. 00177779

开票日期：

购买方	名　　　称：		密码区	（略）
	纳税人识别号：			
	地　址、电　话：			
	开户行及账号：			

货物或应税劳务、服务名称	规格型号	单　位	数　量	单　价	金　额	税率	税　额
合　计							

价税合计(大写)		（小写）

销售方	名　　　称：		备注	
	纳税人识别号：			
	地　址、电　话：			
	开户行及账号：			

收款人：　　　　复核：　　　　　　开票人：　　　　　　销售方：(章)

产　品　出　库　单

No. 10129

接受单位：

用　途：　　　　　　　　　年　月　日　　　　　　成品仓库

产品名称或编号	计量单位	数　量	金　额	
			单 位 成 本	总　成　本
备　注			合　计	

仓库管理员：×××　　　　接受单位经手人：×××　　　　制单：×××

经济业务(19)

委托银行收款凭证(付款通知)

委托日期 2019 年 1 月 21 日

④ 专用　No. 409848
23509864

托收号码：

<table>
<tr><td rowspan="6">此联是付款单位开户银行给付款单位的付款通知</td><td rowspan="3">付款人</td><td>全　称</td><td>上海飞跃标牌厂</td><td rowspan="3">收款人</td><td>全　称</td><td colspan="2">国网上海市电力公司</td></tr>
<tr><td>账　号</td><td>252-66013172</td><td>账　号</td><td colspan="2">247-01692980</td></tr>
<tr><td>开户银行</td><td>工行长宁支行红霞分理处</td><td>开户银行</td><td colspan="2">工行上海市分行营业部</td></tr>
<tr><td colspan="2">金额
(大写)</td><td colspan="2">人民币 贰仟零陆拾玖元肆角肆分</td><td>千百十万千百十元角分</td><td>¥ 2 0 6 9 4 4</td></tr>
<tr><td>结算原因</td><td colspan="2" align="center">电费</td><td>合同号码</td><td colspan="2">409434</td><td>附寄单证
张　数</td></tr>
<tr><td colspan="3">会计分录
　( )
　　对方科目 ( )
会计　出纳　复核　记账</td><td colspan="4">上列款项已根据收款单位委托从你单位账户付出：

中国工商银行上海市分行长宁
支行红霞分理处业务章 2019.1.21

(付款单位开户银行盖章)</td></tr>
</table>

上海增值税专用发票

3100181160

No. 23153284

开票日期：2019 年 1 月 7 日

<table>
<tr><td rowspan="4">购买方</td><td colspan="4">名　　称：上海飞跃标牌厂</td><td rowspan="4">密
码
区</td><td colspan="4">2＊988－＋6×2＞＜　版本:01
＞7596×－＋76＋
/×24DB27－×119　3100181160
＞6A＊37914×2/3　23153284</td><td rowspan="4" style="writing-mode:vertical-rl">第三联：发票联　购买方记账凭证</td></tr>
<tr><td colspan="4">纳税人识别号：310108001293875</td></tr>
<tr><td colspan="4">地址、电话：上海市园丁路 886 号；65016868</td></tr>
<tr><td colspan="4">开户行及账号：工行长宁支行红霞分理处　252-66013172</td></tr>
<tr><td>货物或应税劳务、服务名称</td><td>规格型号</td><td>单　位</td><td>数　量</td><td>单　价</td><td>金　额</td><td colspan="2">税率</td><td colspan="2">税　额</td></tr>
<tr><td align="center">电　费</td><td>2018 年 12 月</td><td>度</td><td>2 500</td><td>0.713 6</td><td>¥ 1 784.00</td><td colspan="2">16％</td><td colspan="2">¥ 285.44</td></tr>
<tr><td colspan="5" align="center">合　　计</td><td>¥ 1 784.00</td><td colspan="2"></td><td colspan="2">¥ 285.44</td></tr>
<tr><td colspan="5">价税合计(大写)　零拾零万贰仟零佰陆拾玖元肆角肆分</td><td colspan="5">(小写)¥ 2 069.44</td></tr>
<tr><td rowspan="4">销售方</td><td colspan="4">名　　称：国网上海市电力公司</td><td rowspan="4">备

注</td><td colspan="4">委托银行收款凭证(付款通知)

国网上海市电力公司
91310101123334872B
发票专用章
号码：409848</td></tr>
<tr><td colspan="4">纳税人识别号：91310101123334872B</td></tr>
<tr><td colspan="4">地　址、电话：上海市四通路 1118 号；58023000</td></tr>
<tr><td colspan="4">开户行及账号：工行上海市分行营业部 247-01692980</td></tr>
<tr><td colspan="10">收款人：赵欣悦　　　复核：王思佳　　　开票人：李　慧　　　销售方：(章)</td></tr>
</table>

电费分配计算表

年　　月　　　　　　　　　　　　　　　　　　　　　　单位：元

部　　　门	应借科目	分配比例	金　　额
生产车间	制造费用		
行政管理部门	管理费用		
小　　计			
应交税费—应交增值税（进项税额）			
合　　计			

制表人：×××

经济业务（20）

3100102130

上海增值税专用发票

No. 00858141

开票日期：2019 年 1 月 24 日

购买方	名　　　　称：上海飞跃标牌厂 纳税人识别号：310108001293875 地址、电话：上海市园丁路 886 号；65016868 开户行及账号：工行长宁支行红霞分理处　252-66013172	密码区	14＊786＞＜94＊　　版本：01 D779＋5－＋76 37/46＋6＋×7　　3100102130 072＊9－＞＋1　　00858141

货物或应税劳务、服务名称	规格型号	单　位	数　量	单　价	金　额	税率	税　额
有机玻璃板	BLB26	千克	1 200	27.90	￥33 480.00	16％	￥5 356.80
不锈钢板	B×G15	千克	1 000	31.90	￥31 900.00	16％	￥5 104.00
合　　计					￥65 380.00		￥10 460.80

价税合计（大写）	零拾柒万伍仟捌佰肆拾零元捌角零分	（小写）￥75 840.80	

销售方	名　　　　称：上海市宝山物资供应站 纳税人识别号：310108010327648 地址、电话：三门路 178 号；63745688 开户行及账号：工行宝山支行 217-47124263	备注	上海市宝山物资供应站 310108010327648 发票专用章

收款人：李　明　　　　复核：王　力　　　　开票人：张小芳　　　　销售方：（章）

第三联：发票联　购买方记账凭证

上海增值税普通发票

No. 03175428

开票日期：2019 年 1 月 24 日

<table>
<tr><td rowspan="4">购买方</td><td>名　　　称：上海飞跃标牌厂</td><td rowspan="4">密码区</td><td>31＊1－12＊D16＞1/34508　版本：01</td></tr>
<tr><td>纳税人识别号：310108001293875</td><td>40264＊－＜＞01/5/16－＋　1310004675</td></tr>
<tr><td>地　址、电　话：上海市园丁路 886 号；65016868</td><td>－12/＊7－2＊－＞10216　　03175428</td></tr>
<tr><td>开户行及账号：工行长宁支行红霞分理处　252-66013172</td><td>2＋＜1－2＋22－14＊－＜</td></tr>
</table>

货物或应税劳务、服务名称	规格型号	单位	数量	单价	金额	税率	税额
短途运输	板材	千克	2 200	0.090 91	￥200.00	10％	￥20.00
合　　计					￥200.00		￥20.00

价税合计（大写）　零拾零万零仟贰佰贰拾零元零角零分　　　（小写）￥220.00

<table>
<tr><td rowspan="4">销售方</td><td>名　　　称：上海黄浦运输公司</td><td rowspan="4">备注</td><td rowspan="4">上海黄浦运输公司
310072456236
发票专用章</td></tr>
<tr><td>纳税人识别号：310072456236</td></tr>
<tr><td>地　址、电　话：中山南一路 115 号　49205110</td></tr>
<tr><td>开户行及账号：工行徐汇支行　231-4567625</td></tr>
</table>

收款人：　　　　　复核：赵小平　　　　　开票人：姚薇　　　　　销售方：（章）

运费计算分配表

年　　月　　日　　　　　　　　　　　　　单位：元

项　　　目	分　配　标　准	分　配　率	分　配　金　额
有机玻璃板（千克）			
不锈钢板（千克）			
合　　计			

制表人：×××

收　料　单

No.00373

供货单位：

发票号码：　　　　　　　年　　月　　日　　　　　材料仓库

材料类别	材料名称	计量单位	数 量		金 额	
			应　收	实　收	单位成本	总成本
备　注					合　计	

② 记账联

验收：×××　　　　　　仓库保管员：×××　　　　　　制单：×××

经济业务(21)

13100092463

上海增值税普通发票

开票日期：2019 年 1 月 25 日

购买方	名　　　称：上海飞跃标牌厂 纳税人识别号：310108001293875 地址、电话：上海市园丁路 886 号；65016868 开户行及账号：工行长宁支行红霞分理处　252-66013172	密码区	* 297-3 * 91 * 1371-038　版本:01 7-106-160 * 80+106+1　13100092463 -21046+451/6408 * 2>2　06417832 <>5>1 * 28 * </2-78

第三联：发票联　购买方记账凭证

货物或应税劳务、服务名称	规格型号	单位	数量	单价	金额	税率	税额
餐费				718.87	¥718.87	6%	¥43.13
合　计					¥718.87		¥43.13

价税合计(大写)	零拾零万零仟柒佰陆拾贰元零角零分	(小写)¥762.00

销售方	名　　　称：上海常来饭店 纳税人识别号：312225511415057 地址、电话：上海市武昌路 624 号　65662088 开户行及账号：卢办马分处　211-06722937	备注	上海常来饭店 312225511415057 发票专用章

收款人：　　　　复核：　　　　　　　开票人：舒小洪　　　　　　销售方：(章)

上海飞跃标牌厂
付 款 凭 单

编号_____

年　　月　　日　　　　　　　　　　　　附单据　　张

受款人	
付款用途	
金额	人民币 (大写)　　　　　　　　　　　　　　　　　　¥

财务主管　×××　　记账　×××　　出纳　×××　　部门主管　×××　　制单　×××　　签字盖章　×××　　领款人　×××

经济业务(22)

领　料　单

No.006111

领用部门：

用　途：　　　　　　　年　　月　　日　　　　　　材料仓库

材 料 类 别	材 料 名 称	计量单位	数　　量		价　　格	
			请　领	实　领	单位成本	总 成 本
备　注				合　计		

②记账联

仓库保管员：×××　　　　　领料部门主管：×××　　　　　领料人：

经济业务 (23)

上海增值税普通发票

No. 00128243

开票日期：2019 年 1 月 27 日

购买方	名　　称：上海飞跃标牌厂 纳税人识别号：310108001293875 地址、电话：上海市园丁路 886 号；65016868 开户行及账号：工行长宁支行红霞分理处　252-66013172	密码区	−90＜4＞89180＋6＞520/ 67−162−2＊＜0/8/−＜ 54121/622＋4−＞0＞19 11＊＜/−786＞−987/2	版本：01 3100072045 00128243

货物或应税劳务、服务名称	规格型号	单　位	数　量	单　价	金　额	税率	税　额
房屋修理费	D×200016			1 000.00	¥1 000.00	10%	¥100.00
合　　计					¥1 000.00		¥100.00

价税合计（大写）	零拾零万壹仟壹佰零拾零元零角零分　　　　　（小写）¥1 100.00

销售方	名　　称：金辉物业管理公司 纳税人识别号：310016301292336 地址、电话：上海市漕宝南路 3680 号　63054738 开户行及账号：工行徐汇支行漕宝分离处　276-24805740	备注	金辉物业管理公司 310016301292336 发票专用章

收款人：张红一　　　　复核：　　　　　　开票人：刘　倩　　　　　销售方：（章）

第三联：发票联　购买方记账凭证

中国工商银行上海市分行

支票号码：AH109419

附加信息 ＿＿＿＿＿＿＿＿

＿＿＿＿＿＿＿＿＿＿

＿＿＿＿＿＿＿＿＿＿

出票日期：　年　月　日

收　款　人：＿＿＿＿＿＿＿

金　　额：＿＿＿＿＿＿＿

用　　途：＿＿＿＿＿＿＿

中国工商银行上海市分行支票　支票号码：AH109419

出票日期（大写）：　　年　　月　　日　　付款行名称：

收款人：　　　　　　　　　　出票人账号：

人民币 （大写）		千	百	十	万	千	百	十	元	角	分

用途＿＿＿＿＿

上列款项请从
我账户内支付

出票人签章

复核

记账

验印

经济业务(24)

中国工商银行上海市(252)计收利息清单(付款通知)

账号 252—66013172　　　　　　　　2019 年 1 月 27 日

单位名称	上海飞跃标牌厂	结　算　户	25266013172

计息起讫日期	2018/12/27～2019/01/26

贷款户账号	计算总积数	利　率	利　息　金　额
2526001794321	3 100 000.00	3.3	341.00

你单位上述应偿借款利
息已从你单位账户划出
　　　此　致
借款单位　　（银行盖章）

中国工商银行上海市分行长宁
支行红霞分理处业务章 2019.1.27

　　　　　复核　　　记账

(流动资金贷款)还款凭证(回　单) ④

原借款凭证
单位编号：　　　　　　日期：　年　月　日　　原借款凭证银行编号：

来此联支转款通知。退借款单位并代往作回单，

付款人	名　　称	同　　右	借款人	名　　称	
	往来户账号			放款户账号	
	开户银行			开户银行	

计划还款日期	年　月　日	还款次序	第　　　　次还款										
			千	百	十	万	千	百	十	元	角	分
借款金额	人民币： （大写）											
还款内容												
备注：		上述借款已从你单位往来账户内转还　此致 借款单位 （银行盖章）　　年　月　日										

3100102130

上海增值税专用发票

此联不作报销、扣税凭证使用

No. 00177780

开票日期：

购买方	名　　　称：						密码区	（略）		
	纳税人识别号：									
	地　址、电　话：									
	开户行及账号：									
货物或应税劳务、服务名称	规格型号	单位	数量	单价	金额		税率	税额		
合　　计										
价税合计(大写)								（小写）		
销售方	名　　　称：						备注			
	纳税人识别号：									
	地　址、电　话：									
	开户行及账号：									

收款人：　　　　　复核：　　　　　　　　开票人：　　　　　　销售方：(章)

产　品　出　库　单

No. 10130

接受单位：

用　　途：　　　　　年　　月　　日　　　　　成品仓库

产品名称或编号	计量单位	数　量	金　　额	
			单位成本	总　成　本
备注			合　计	

②记账联

仓库管理员：×××　　　　接受单位经手人：×××　　　　制单：×××

经济业务（26）

固定资产分类折旧计算表

2019 年 1 月

固定资产类别	使用部门	固定资产原值	平均月折旧率	折旧额
房屋建筑物	生产车间	104 060	2.5‰	260.15
	行政管理部门	215 896		539.74
	小　计	319 956		799.89
设　备	生产车间	177 785	10‰	1 777.85
	行政管理部门	85 026		850.26
	小　计	262 811		2 628.11
合　　计		582 767	—	3 428

制表人：×××

固定资产折旧汇总表

年　　月　　　　　　　　　　　单位：元

固定资产使用部门	固定资产原值	本月应提折旧额
生　产　车　间		
行政管理部门		
合　　　计		

制表人：×××

经济业务（27）

应付职工薪酬分配表

年　　月　　　　　　　　　　　单位：元

借项 部门	贷项 科目	产品	应 付 职 工 薪 酬
生产车间	生产成本	YJ—1	
		BX—2	
		小　计	
	制造费用		
行政部门	管理费用		
总　　计			

制表人：×××

经济业务(28)

生产车间制造费用分配表

年　月

项　　目	生产工时	制　造　费　用	
		分　配　率	金　　额
合　　计		—	

制表人：×××

经济业务(29)

产 品 入 库 单　No. 016725

交库单位：　　　　年　月　日　　　成品仓库

产品名称或编号	计量单位	送检数量	数　　量		实 收 数 量	
			检验合格	检验不合格		②记账联
备　注						

验收：×××　　　仓库保管员：×××　　　车间负责人：×××　　　制单：×××

经济业务(30)

库存商品发出汇总表

年　　月

产品名称或编号	本　期　销　售			
	借记科目	数量(块)	单　价	金　　额
合　　计	—		—	

制表人：×××

经济业务（31）

科 目 汇 总 表

年　月　日至　月　日

会计科目	总页	借方发生额	贷方发生额
		千百十万千百十元角分	千百十万千百十元角分
应收账款			
其他应收款			
材料采购			
固定资产			
短期借款			
应付职工薪酬			
应交税费——应交增值税（进项税额）			
应交税费——应交增值税（销项税额）			
应交税费——应交所得税			
制造费用			
主营业务收入			
销售费用			
管理费用			
财务费用			
库存现金			
银行存款			
合　计			

凭证号数	总页	借方发生额	贷方发生额
现金 收 自第　号至　号止 付 自第　号至　号止		千百十万千百十元角分	千百十万千百十元角分
银行 收 自第　号至　号止 付 自第　号至　号止			
会计科目			
合　计			

财会主管×××　　　记账×××　　　复核×××　　　制表×××

经济业务(34)

资 产 负 债 表

会企01表

编制单位：　　　　　　　　　　　　　　　　　　　　年　　月　　日　　　　　　　　　　　　　　　　　单位：元

资　　　　产	期末余额	年初余额	负债和所有者权益(或股东权益)	期末余额	年初余额
流动资产：			流动负债：		
货币资金			短期借款		
交易性金融资产			交易性金融负债		
衍生金融资产			衍生金融负债		
应收票据及应收账款			应付票据及应付账款		
预付款项			预收款项		
其他应收款			合同负债		
存货			应付职工薪酬		
合同资产			应交税费		
持有待售资产			其他应付款		
一年内到期的非流动资产			持有待售负债		
其他流动资产			一年内到期的非流动负债		
流动资产合计			其他流动负债		
非流动资产：			流动负债合计		
债权投资			非流动负债：		
其他债权投资			长期借款		(略)
长期应收款			应付债券		
长期股权投资			其中：优先股		
其他权益工具投资			永续债		
其他非流动金融资产			长期应付款		
投资性房地产			预计负债		
固定资产			递延收益		
在建工程			递延所得税负债		
生产性生物资产			其他非流动负债		
油气资产			非流动负债合计		
无形资产			负债合计		
开发支出			所有者权益(或股东权益)：		
商誉			实收资本(或股本)		
长期待摊费用			其他权益工具		
递延所得税资产			其中：优先股		
其他非流动资产			永续债		
非流动资产合计			资本公积		
			减：库存股		
			其他综合收益		
			盈余公积		
			未分配利润		
			所有者权益(或股东权益)合计		
资　产　总　计			负债和所有者权益(或股东权益)总计		

利 润 表

会企02表

编制单位：　　　　　　　　　　　____年____月　　　　　　　　　　单位：元

项　　目	本 期 金 额	上 期 金 额
一、营业收入		
减：营业成本		
税金及附加		
销售费用		
管理费用		
研发费用		
财务费用		
其中:利息费用		
利息收入		
资产减值损失		
信用减值损失		
加：其他收益		
投资收益(损失以"－"号填列)		
其中:对联营企业和合营企业的投资收益		
净敞口套期收益(损失以"－"号填列)		(略)
公允价值变动收益(损失以"－"号填列)		
资产处置收益(损失以"－"号填列)		
二、营业利润(亏损以"－"号填列)		
加：营业外收入		
减：营业外支出		
三、利润总额(亏损总额以"－"号填列)		
减：所得税费用		
四、净利润(净亏损以"－"号填列)		
（一）持续经营净利润(净亏损以"－"号填列)		
（二）终止经营净利润(净亏损以"－"号填列)		
五、其他综合收益的税后净额		
（一）以后不能重分类进损益的其他综合收益		
1.重新计量设定受益计划变动额		
2.权益法投资公允价值变动		
……		
（二）将重分类进损益的其他综合收益		
1.权益法下可转损益的其他综合收益		
2.其他债权投资公允价值变动		
……		
六、综合收益总额		
七、每股收益：		
（一）基本每股收益		
（二）稀释每股收益		

现 金 流 量 表

主管部门 ＸＸＸＸＸ
年　月
会企 03 表

企业名称＿＿＿＿＿＿＿＿＿
金额单位：元

项　目	本期金额	上期金额	项　目	本期金额	上期金额
一、经营活动产生的现金流量			五、现金及现金等价物净增加额		
销售商品、提供劳务收到的现金		（略）	加：期初现金及现金等价物余额		（略）
收到的税费返还			六、期末现金及现金等价物余额		
收到其他与经营活动有关的现金			补 充 资 料		
经营活动现金流入小计			1. 将净利润调节为经营活动现金流量：		
购买商品、接受劳务支付的现金			净利润		
支付给职工以及为职工支付的现金			加：资产减值准备		
支付的各项税费			固定资产折旧、油气资产折耗、生产性生物资产折旧		
支付其他与经营活动有关的现金			无形资产摊销		
经营活动现金流出小计			长期待摊费用摊销		
经营活动产生的现金流量净额			处置固定资产、无形资产和其他长期资产的损失（收益以"－"号填列）		
二、投资活动产生的现金流量			固定资产报废损失（收益以"－"号填列）		
收回投资收到的现金			公允价值变动损失（收益以"－"号填列）		
取得投资收益收到的现金			财务费用（收益以"－"号填列）		
处置固定资产、无形资产和其他长期资产收回的现金净额			投资损失（收益以"－"号填列）		
处置子公司及其他营业单位收到的现金净额			递延所得税资产减少（增加以"－"号填列）		
收到其他与投资活动有关的现金			递延所得税负债增加（减少以"－"号填列）		
投资活动现金流入小计			存货的减少（增加以"－"号填列）		
购建固定资产、无形资产和其他长期资产支付的现金			经营性应收项目的减少（增加以"－"号填列）		
投资支付的现金			取得子公司及其他营业单位支付的现金净额		
取得子公司及其他营业单位支付的现金净额			经营性应付项目的增加（减少以"－"号填列）		
支付其他与投资活动有关的现金			其他		
投资活动现金流出小计			经营活动产生的现金流量净额		
投资活动产生的现金流量净额			2. 不涉及现金收支的重大投资和筹资活动：		
三、筹资活动产生的现金流量			债务转为资本		
吸收投资收到的现金			一年内到期的可转换公司债券		
取得借款收到的现金			融资租入固定资产		
收到其他与筹资活动有关的现金			3. 现金及现金等价物净变动情况：		
筹资活动现金流入小计			现金的期末余额		
偿还债务支付的现金			减：现金的期初余额		
分配股利、利润或偿付利息支付的现金			加：现金等价物的期末余额		
支付其他与筹资活动有关的现金			减：现金等价物的期初余额		
筹资活动现金流出小计			现金及现金等价物净增加额		
筹资活动产生的现金流量净额					
四、汇率变动对现金及现金等价物的影响					

七、实习报告

簿记综合实习报告

学　　　号 _____

姓　　　名 _____

报 告 日 期 _____年____月____日

实 习 成 绩 _____

实习指导教师 _____

（一）实习结果汇总

1. 实习单位基本信息

单位名称	
纳税人登记号	
基本存款户开户行	
基本存款户账号	
财务主管	
经营范围	
主要产品	

2. 实习单位采用的账务处理程序及特点

账务处理程序：

账务处理程序特点：

3. 实习单位处理本月经济业务所用原始凭证的分类与作用

原始凭证类别及名称	主要原始凭证名称与作用	
	原始凭证名称	原始凭证作用
自制原始凭证	1.	
	2.	
	3.	
	4.	
外来原始凭证	1.	
	2.	
	3.	
	4.	

4. 实习单位开设的记账凭证类别与编制特点

开设记账凭证类别	凭证起讫编号	凭证编制特点

5. 实习单位开设的账簿类别与登记依据

设置账簿类别	登账时点	登账依据	账页起讫编码

6. 实习单位会计报表及其编制依据

按月报送的会计报表名称	数据来源

7. 实习单位产品生产与销售情况（单位:元）

产品名称	单位成本	不含税单位售价	单位毛利率(%)	期初库存余额	期末库存余额

8. 实习单位部分报表项目填列分析(单位:元)

报表项目		项 目 分 析	填列金额
资产负债表	货币资金		
	存货		
	固定资产		
	未分配利润		
利润表	营业收入		
	营业成本		

(二) 实习思考题

(1) 实习单位在产品生产中需要领用哪些主要材料? 记录领料业务的原始凭证有几种? 你认为实习单位设计一种(或多种)领料凭证的用意何在?

(2) 关于实习单位生产车间主要材料的领用业务,你是如何进行相关会计处理的? 请通过填列下表说明你的处理过程。

领用主要材料名称		
相关原始凭证 (原始凭证名称、编号、编制规律)		
相关记账凭证 (记账凭证名称、编号、编制规律)		
相关账簿 (账簿名称、登账规律)		

上述会计处理方法对你有无启发? 请简要说明。

（3）关于提取现金业务,实习单位编制了哪种记账凭证? 除此之外还有没有其他不同的处理方法? 若有的话,该方法与实习单位所用方法的主要区别是什么? 应用中需要注意什么?

（4）实习单位的产品成本主要由哪几部分组成? 其中制造费用是如何进行分配的? 你认为合理吗? 请说明"合理"的理由,或说明怎样做更合理。

（5）1月11日,实习单位收到客户送交的结算前欠货款的银行支票,随后与进账单一同送存银行。处理此项业务编制的记账凭证有没有附件? 若有附件,请指出是什么,并简要说明附件的作用。

（6）实习单位没有提供与计提本月短期借款利息业务（1 月 21 日）相关的原始凭证。你认为这样处理符合会计规范吗？请在下面空白处为此项业务设计相关的原始凭证（样稿）。设计时注意结合已有的与借款利息相关的账户信息，其余相关信息请作合理化的假定，并在原始凭证样稿下方说明所作的假定。

（7）在实习单位的主要经营过程中，经营资金是如何循环的？请以图示方式表示。你认为哪个环节最重要？为什么？请简述理由。

（8）经过本次实习，关于实习单位的经营管理，你有哪些建议？

八、错账更正方法

由于本实习过程主要通过手工完成,故难免在记账过程中发生错误,若账簿记录发现错误时,不得使用刮擦、挖补、涂改或修正液等方法更正,应根据错误的具体情况,按照规定方法予以更正。 为规范错账更正方法,现举例列示不同错账情况下,更正错账的过程。

经济业务:1月31日,结转完工入库的产品生产成本80 000元。

正确编制记账凭证如下:

转 账 凭 证

2019 年 1 月 31 日

总 号	转 28
分 号	

摘 要 结转完工入库产品生产成本

借 方 科 目			贷 方 科 目			金 额	
一级科目	二级或明细科目	✓	一级科目	二级或明细科目	✓	千百十万千百十元角分	附件
库存商品			生产成本			8 0 0 0 0 0 0	1
							张
				合 计		¥8 0 0 0 0 0 0	

财会主管 沈 晗   记账 李 莎   复核 张 利   制单 王 哲

根据正确记账凭证分别登记"生产成本"及"库存商品"总账(见第118页)。

(1)若记账凭证编制无误,而在登记时由于疏忽,在生产成本总分类账中将本笔经济业务的金额误登为86 000元,则可直接在账簿记录中采用划线更正法更正,见第119页。

(2)若在编制记账凭证时,会计科目正确,而将金额误记为8 000元,致使账簿记录跟错少记72 000元。

错误凭证见第120页"转28"。

总 分 类 账

分页 __1__ 总页 ____

会计科目 __生产成本__
明细科目 ____

2019年		凭证		摘要	对应科目	借方	贷方	借/贷	余额
月	日	种类	号数						
1	1	转		上年结转				借	5 2 0 0 0 0 0
	3	转	2	生产领料	原材料	1 1 0 0 0 0 0 0			
	31	转	24	分配工资薪酬	应付职工薪酬	8 5 0 0 0 0 0			
	31	转	26	分配制造费用	制造费用	6 0 0 0 0 0			
	31	转	28	产品完工入库	库存商品		8 0 0 0 0 0 0		

总 分 类 账

分页 __1__ 总页 ____

会计科目 __库存商品__
明细科目 ____

2019年		凭证		摘要	对应科目	借方	贷方	借/贷	余额
月	日	种类	号数						
1	1	转		上年结转				借	7 2 0 0 0 0 0
	31	转	28	完工入库	生产成本	8 0 0 0 0 0 0			

总 分 类 账

会计科目 生产成本
明细科目 _____

2019年		凭证		摘要	对应科目	借方 (百十亿千百十万千百十元角分)	✓	贷方 (百十亿千百十万千百十元角分)	✓	借/贷	余额 (百十亿千百十万千百十元角分)	✓
月	日	种类	号数									
1	1			上年结转						借	5 2 0 0 0 0 0 0	
	3	转	2	生产领料	原材料	1 1 0 0 0 0 0 0 0						
	31	转	24	分配工资薪酬	应付职工薪酬	8 5 0 0 0 0 0 0						
	31	转	26	分配制造费用	制造费用	6 0 0 0 0 0 0 0						
	31	转	28	产品完工入库	库存商品			8 6 0 0 0 0 0 0		借本莎		
								8 0 0 0 0 0 0				

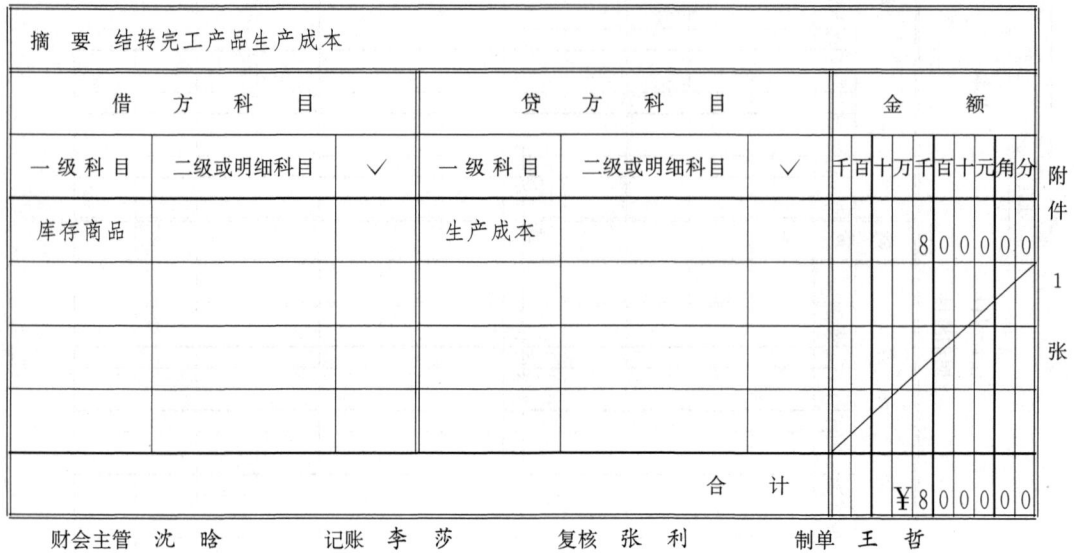

转 账 凭 证

2019 年 1 月 31 日

总号	转 28
分号	

摘 要	结转完工产品生产成本						
借 方 科 目			贷 方 科 目			金 额	
一级科目	二级或明细科目	√	一级科目	二级或明细科目	√	千百十万千百十元角分	
库存商品			生产成本			8 0 0 0 0 0	
			合 计			￥8 0 0 0 0 0	

财会主管 沈 晗　　记账 李 莎　　复核 张 利　　　制单 王 哲

账簿记录根据错误记账凭证登记,对于这种错误,可采用补充登记法,编制凭证补充登记。更正凭证及账簿更正过程如下:

转 账 凭 证

2019 年 1 月 31 日

总号	转 31
分号	

摘 要	更正转 28 错误						
借 方 科 目			贷 方 科 目			金 额	
一级科目	二级或明细科目	√	一级科目	二级或明细科目	√	千百十万千百十元角分	
库存商品			生产成本			7 2 0 0 0 0 0	
			合 计			￥7 2 0 0 0 0 0	

财会主管 沈 晗　　记账 李 莎　　复核 张 利　　　制单 王 哲

根据更正凭证入账。

总 分 类 账

分页 1 总页　　会计科目 生产成本　　明细科目

2019年		凭证		摘要	对应科目	借方	贷方	借/贷	余额
月	日	种类	号数					借	
1	1	转	1	上年结转					
	3	转	2	生产领料	原材料	11000000			
	31	转	24	分配工资薪酬	应付职工薪酬	8500000			
	31	转	26	分配制造费用	制造费用	6000000			
	31	转	28	产品完工入库	库存商品		8000000		
	31	转	31	更正错账（转28）	库存商品		7200000	借	5200000

总 分 类 账

分页 1 总页　　会计科目 库存商品　　明细科目

2019年		凭证		摘要	对应科目	借方	贷方	借/贷	余额
月	日	种类	号数					借	
1	1	转		上年结转					
	31	转	28	完工入库	生产成本	8000000			
	31	转	31	更正转28错账	生产成本	7200000		借	7200000

(3) 若记账凭证上会计科目正确,而将金额误记为 86 000 元,致使账簿记录跟错多记6 000元。

错误凭证如下:

转 账 凭 证

2019 年 1 月 31 日

总号	转 28
分号	

摘　要　结转完工产品生产成本

借 方 科 目			贷 方 科 目			金 额									附件
一级科目	二级或明细科目	√	一级科目	二级或明细科目	√	千	百	十	万	千	百	十	元 角 分	
库存商品			生产成本					8	6	0	0	0	0 0 0	1 张
			合　计			¥		8	6	0	0	0	0 0 0	

财会主管　沈　晗　　　记账　李　莎　　　复核　张　利　　　制单　王　哲

对于这种错误,可采用红字更正法,编红字凭证将多记金额冲销,红字更正凭证及账簿更正过程如下:

转 账 凭 证

2019 年 1 月 31 日

总号	转 31
分号	

摘　要　更正转 28 错账

借 方 科 目			贷 方 科 目			金 额									附件
一级科目	二级或明细科目	√	一级科目	二级或明细科目	√	千	百	十	万	千	百	十	元 角 分	
库存商品			生产成本						-	6	0	0	0 0 0	
														张
			合　计			¥			-	6	0	0	0 0 0	

财会主管　沈　晗　　　记账　李　莎　　　复核　张　利　　　制单　王　哲

总 分 类 账

2019年		凭证		摘要	对应科目	借方	贷方	借/贷	余额
月	日	种类	号数			百十亿千百十万千百十元角分	百十亿千百十万千百十元角分	借/贷	百十亿千百十万千百十元角分
1	1	转		上年结转				借	5 2 0 0 0 0 0 0
	3	转	2	生产领料	原材料	1 1 0 0 0 0 0 0 0			
	31	转	24	分配工资薪酬	应付职工薪酬	8 5 0 0 0 0 0 0			
	31	转	26	分配制造费用	制造费用	6 0 0 0 0 0 0 0			
	31	转	28	产品完工入库	库存商品		8 6 0 0 0 0 0 0		
	31	转	31	更正错账转28	库存商品		－ 6 0 0 0 0 0		

总 分 类 账

2019年		凭证		摘要	对应科目	借方	贷方	借/贷	余额
月	日	种类	号数			百十亿千百十万千百十元角分	百十亿千百十万千百十元角分	借/贷	百十亿千百十万千百十元角分
1	1	转		上年结转				借	7 2 0 0 0 0 0 0
	31	转	28	完工入库	生产成本	8 6 0 0 0 0 0 0			
	31	转	31	更正转28错账	生产成本	－ 6 0 0 0 0 0			

(4) 若记账凭证中会计科目发生错误,不管金额正确与否,致使账簿记录跟错。

错误凭证如下:

转 账 凭 证

2019 年 1 月 31 日

总号	转 28
分号	

摘 要	结转完工入库产品成本															
借 方 科 目			贷 方 科 目			金 额										附件
一级科目	二级或明细科目	√	一级科目	二级或明细科目	√	千	百	十	万	千	百	十	元	角	分	
生产成本			库存商品					8	0	0	0	0	0	0	0	1
																张
			合 计				¥	8	0	0	0	0	0	0	0	

财会主管 沈 晗   记账 李 莎   复核 张 利   制单 王 哲

对于这种错误,必须采用红字更正法,先编制一张红字凭证将原错误凭证记录内容冲销,然后再根据经济业务重新编制蓝(黑)字记账凭证,并据以入账。编制红字凭证、蓝(黑)字凭证及账簿更正过程如下:

红字凭证(与原错误凭证内容一致,但金额为红字):

转 账 凭 证

2019 年 1 月 31 日

总号	转 31
分号	

摘 要	更正转 28 错账															
借 方 科 目			贷 方 科 目			金 额										附件
一级科目	二级或明细科目	√	一级科目	二级或明细科目	√	千	百	十	万	千	百	十	元	角	分	
生产成本			库存商品				－	8	0	0	0	0	0	0	0	
																张
			合 计				¥	－	8	0	0	0	0	0	0	0	

财会主管 沈 晗   记账 李 莎   复核 张 利   制单 王 哲

蓝(黑)字凭证(正确凭证):

转 账 凭 证

2019 年 1 月 31 日

总号	转 32
分号	

摘 要	更正转 28 错账															
借 方 科 目			贷 方 科 目			金 额										附件
一级科目	二级或明细科目	√	一级科目	二级或明细科目	√	千	百	十	万	千	百	十	元	角	分	
库存商品			生产成本					8	0	0	0	0	0	0	0	
																张
			合 计				¥	8	0	0	0	0	0	0	0	

财会主管 沈 晗   记账 李 莎   复核 张 利   制单 王 哲

将红、蓝字更正凭证分别登记有关账簿：

总 分 类 账

会计科目 ___
明细科目 库存商品

2019年		凭证		摘要	对应科目	借方	贷方	借/贷	余额	✓
月	日	种类	号数							
1	1	转	1	上年结转				借	72000000	
	31	转	28	结转完工入库成本	生产成本	80000000				
	31	转	31	更正转28错账	生产成本		80000000			
	31	转	32	更正转28错账	生产成本		−80000000			

总 分 类 账

分页 1 总页 ___

会计科目 ___
明细科目 生产成本

2019年		凭证		摘要	对应科目	借方	贷方	借/贷	余额	✓
月	日	种类	号数							
1	1			上年结转				借	52000000	
	3	转	2	生产领料	原材料	110000000				
	31	转	24	分配工资薪酬	应付职工薪酬	85000000				
	31	转	26	分配制造费用	制造费用	60000000				
	31	转	28	产品完工入库	库存商品		80000000			
	31	转	31	更正转28错账	库存商品	80000000				
	31	转	32	更正转28错账	库存商品	−80000000				

九、编制会计报表的依据及方法

本账务处理程序中,资产负债表项目可以根据有关总分类账和明细分类账期末余额经分析计算后填列;利润表项目可以根据损益类账户本期发生额填列;现金流量表项目可以根据科目汇总表上各科目本期借、贷方发生额经分析计算后填列,具体分析说明如下:

现金流量表编制说明

现金流量表项目	科目汇总表			现金流量表项目
	借方发生额	会计科目	贷方发生额	
		应收账款	⟶	销售商品、提供劳务收到的现金
支付其他与经营活动有关的现金	←	其他应收款		
购买商品、接受劳务支付的现金	←	材料采购、管理费用		
购建固定资产、无形资产和其他长期资产支付的现金	←	固定资产		
偿还债务支付的现金	←	短期借款		
支付给职工的以及为职工支付的现金	←	应付职工薪酬		
购买商品、接受劳务支付的现金	←	应交税费——应交增值税（进项税额）		
		应交税费——应交增值税（销项税额）	⟶	销售商品、提供劳务收到的现金
支付的各项税费	←	应交税费——应交所得税		
支付其他与经营活动有关的现金	←	制造费用		
		主营业务收入	⟶	销售商品、提供劳务收到的现金
支付其他与经营活动有关的现金	←	销售费用		
支付其他与经营活动有关的现金	←	管理费用		
分配股利、利润或偿付利息支付的现金	←	财务费用		
		库存现金		
		银行存款	⟶	现金及现金等价物净增加额 ←

十、外购空白记账凭证及账页（仅提供样张）

（一）收款凭证 3 张

收 款 凭 证

总 号	
分 号	

借方科目

年 月 日

摘　要	应 贷 科 目		✓	金　额										
	一级科目	二级和明细科目		亿	千	百	十	万	千	百	十	元	角	分
		合　计												

附件　　张

财会主管　　　　记账　　　　出纳　　　　复核　　　　制单

（二）付款凭证 14 张

付 款 凭 证

总 号	
分 号	

贷方科目

年 月 日

摘　要	应 借 科 目		✓	金　额										
	一级科目	二级和明细科目		亿	千	百	十	万	千	百	十	元	角	分
		合　计												

附件　　张

财会主管　　　　记账　　　　出纳　　　　复核　　　　制单

(三) 转账凭证 32 张

转 账 凭 证

年　月　日

总 号	
分 号	

摘　要															
借　方　科　目			贷　方　科　目			金　额									
一级科目	二级或明细科目	✓	一级科目	二级或明细科目	✓	千	百	十	万	千	百	十	元	角	分
				合　计											

附件　　　　张

财会主管　　　　　记账　　　　　复核　　　　　制单

(四) 记账凭证封面及封底 3 套

凭 证 封 面

年　　月份

编号	

单　位　名　称	
凭　证　名　称	
册　　　　数	第　　　　　　　册共　　　　　　　册
起　讫　编　号	自第　　　　　号至第　　　　　号
起　讫　日　期	自　　年　　月　　日至　　月　　日

主管 ＿＿＿＿＿＿＿＿ 装订 ＿＿＿＿＿＿＿＿

抽 出 单 据 记 录

抽出日期			抽出单据名称	张数	抽出单据理由	抽取人签章	财会主管签章	附　　注
年	月	日						

（五）账簿启用及接交表 3 张

账 簿 启 用 及 接 交 表

单位名称		印　鉴
账簿名称	（第　　册）	
账簿编号		
账簿页数	本账簿共计　　　页（本账簿页数 检点人盖章　　　　）	
启用日期	公元　　　年　月　日	

经 管 人 员	负 责 人		主 办 会 计		复 核		记 账	
	姓　名	盖章	姓　名	盖章	姓　名	盖章	姓　名	盖章

接 交 记 录	经 管 人 员		接　管				交　出			
	职　别	姓　名	年	月	日	盖章	年	月	日	盖章

备 注	

目 录

编号	科 目	页码	编号	科 目	页码	编号	科 目	页码

（六）日记账账页 2 张

年		凭证号数	对方科目	摘要	总页	收入（借方）										付出（贷方）										结存									
月	日					千	百	十	万	千	百	十	元	角	分	千	百	十	万	千	百	十	元	角	分	千	百	十	万	千	百	十	元	角	分

（七）三栏式账页 32 张

分页............... 总页...............

会计科目...............
明细科目...............

年		凭证		摘要	对应科目	借方											贷方											借/贷	余额										
月	日	种类	号数			百	十	亿	千	百	十	万	千	百	十	元	角	分	✓	百	十	亿	千	百	十	万	千	百	十	元	角	分	✓		百	十	亿	千	百	十	万	千	百	十	元	角	分	✓

（八）横线登记式材料采购明细账账页 2 张

分页 _____ 总页 _____

材 料 采 购 明 细 账

材料类别： _____

材料名称： _____

年		凭证号数	发票号数	供应单位	材料名称及规格	计量单位	发票数量	采购成本（借方）																										入库成本（贷方）												
								发票金额								运杂费							合计								日期		收料单号数	实收数量	单价	总额							
月	日							千	百	十	万	千	百	十	元	角	分	十	万	千	百	十	元	角	分	十	万	千	百	十	元	角	分	千	百	十	万	千	百	十	元	角	分	月	日

（九）数量金额式原材料明细账账页 2 张

最高存量＿＿＿＿＿＿＿＿＿＿＿＿ 储备天数＿＿＿＿＿＿ 存放地点＿＿＿＿＿＿ 计量单位＿＿＿＿＿＿

最低存量＿＿＿＿＿＿＿＿＿＿＿＿

编号、名称＿＿＿＿＿＿ 规格＿＿＿＿＿＿ 类别＿＿＿＿＿＿

分页＿＿＿＿＿ 总页＿＿＿＿＿

年		凭证		摘要	收入			发出			结存		
月	日	种类	号数		数量	单价	金额 千百十万千百十元角分	数量	单价	金额 千百十万千百十元角分	数量	单价	金额 千百十万千百十元角分

(十) 多栏式(8栏)生产成本明细账账页 2 张

分页 _____ 总页 _____

生 产 成 本 明 细 账

订货单位：_____ 生产车间：_____

投产日期：____年____月____日 完工日期：____年____月____日　　　　　生产批号：_____　明细科目：_____

完成产量：_____ 计划工时：_____ 实际工时：_____　　数量：_____ 规格：_____　　产品/部门名称：_____

年		凭证号数	摘　　要	借方发生额	明　　细　　项　　目						
月	日			亿千百十万千百十元角分	直接材料 千百十万千百十元角分	直接人工 千百十万千百十元角分	制造费用 千百十万千百十元角分	合　计 千百十万千百十元角分	千百十万千百十元角分	千百十万千百十元角分	千百十万千百十元角分	千百十万千百十元角分

(十一) 多栏式(7栏)制造费用、管理费用明细账账页 3 张

总页 _____ 分页 _____

_____ 级科目 _____

_____ 级科目 _____

年		凭证号数	摘　要	借　方	贷　方	借/贷	余　额	（　　）方 金 额 分 析						
月	日			千百十万千百十元角分	千百十万千百十元角分		千百十万千百十元角分	百十万千百十元角分	百十万千百十元角分	百十万千百十元角分	百十万千百十元角分	百十万千百十元角分	百十万千百十元角分	百十万千百十元角分

总页 _____ 分页 _____

应交税费——应交增值税明细账

明细科目： 应交增值税

年		凭证		摘　　要	借　　方			贷　　方			借/贷	余　额
月	日	种类	号数		进项税额			销项税额				
					千百十万千百十元角分	千百十万千百十元角分	千百十万千百十元角分	千百十万千百十元角分	千百十万千百十元角分	千百十万千百十元角分		千百十万千百十元角分

借：生产成本——BX-2   56 000

  贷：原材料——BX   56 000

（23）借：管理费用——修理费   1 100

    贷：银行存款   1 100

（24）借：短期借款   100 000

      财务费用   341

    贷：银行存款   100 341

（25）借：应收账款——广源电子仪器厂   47 154

    贷：主营业务收入   40 650

      应交税费——应交增值税（销项税额）   6 504

（26）借：制造费用——折旧费   2 038

      管理费用   1 390

    贷：累计折旧   3 428

（27）借：生产成本——YJ-1   5 904

        ——BX-2   11 808

      制造费用——工资薪酬   4 520

      管理费用   9 200

    贷：应付职工薪酬   31 432

（28）借：生产成本——YJ-1   2 700

        ——BX-2   5 400

    贷：制造费用   8 100

（29）借：库存商品——BX-2   73 548

    贷：生产成本——BX-2   73 548

（30）借：主营业务成本   81 360

    贷：库存商品——YJ-1   20 160

        ——BX-2   61 200

（31）（略）

（32）借：主营业务收入   140 500

    贷：本年利润   140 500

    借：本年利润   104 468

    贷：主营业务成本   81 360

      销售费用   7 875

      管理费用   13 892

      财务费用   1 341

（33）借：所得税费用   9 008

    贷：应交税费——应交所得税   9 008

    借：本年利润   9 008

    贷：所得税费用   9 008

(34) 2019 年 1 月末各账户余额:

库存现金	225.63	短期借款	300 000.00
银行存款	259 127.51	应付账款	215 435.69
应收账款	261 730.00	应付职工薪酬	0
其他应收款	8 600.00	应交税费	8 554.38
在途物资(或材料采购)	0	应付利息	1 000.00
原材料	130 240.00	实收资本	500 000.00
生产成本	36 014.00	资本公积	18 000.00
制造费用	0	盈余公积	81 046.00
库存商品	73 548.00	本年利润	27 024.00
固定资产	599 167.00	利润分配	130 926.07
累计折旧	(贷)86 666.00		

(35) 会计报表部分项目金额:

资产负债表:

货币资金	259 353.14
存货	239 802
流动资产合计	769 485.14
资产总额(或权益总额)	1 281 986.14
应交税费	8 554.38
流动负债合计	524 990.07
所有者权益合计	756 996.07

利润表:

营业利润	36 032
净利润	27 024

现金流量表:

销售商品、提供劳务收到的现金	227 720
购买商品、接受劳务支付的现金(包括支付的电费)	46 833.44
支付给职工以及为职工支付的现金	31 432
支付的各项税费	17 820
支付其他与经营活动有关的现金	10 255
经营活动产生的现金流量净额	121 379.56
购建固定资产、无形资产和其他长期资产支付的现金	16 400
投资活动产生的现金流量净额	−16 400
偿还债务支付的现金	100 000
分配股利、利润或偿付利息支付的现金	341
筹资活动产生的现金流量净额	−100 341
现金及现金等价物净增加额	4 638.56